Petits *C*lassiques
LAROUSSE

Collection fondée par Félix Guirand,
Agrégé des Lettres

Le
Cid

Corneille

Tragi-comédie

Édition présentée,
annotée et commentée
par Sylvie JOYE,
ancienne élève
de l'École normale supérieure

© Éditions Larousse 2006
ISBN : 978-2-03-586597-7

SOMMAIRE

Avant d'aborder l'œuvre

Le Cid

CORNEILLE

Pour approfondir

AVANT D'ABORDER
L'ŒUVRE

Fiche d'identité de l'auteur

Corneille

Nom : Pierre Corneille.

Naissance : le 6 juin 1606, à Rouen.

Famille : bonne bourgeoisie provinciale. Son père est maître des Eaux et Forêts ; sa mère est fille d'avocat.

Formation : études au collège jésuite de Rouen. Licence en droit, avocat.

Début de la carrière : publie ses *Poèmes à Catherine Hue*, son premier amour puis des comédies et des tragédies comme *Mélite* (comédie de 1629) ; *Clitandre ou L'Innocence délivrée* (tragi-comédie de 1631) ; *La Veuve ou Le Maître trahi* et *La Galerie du Palais* (comédies de 1633) ; *La Suivante* (comédie de 1634) ; *La Place Royale ou L'Amoureux extravagant* (comédie de 1647) ; *Médée* (tragédie de 1635) ; *L'Illusion comique* (comédie de 1636).

Premiers succès : triomphe du *Cid* (tragi-comédie) en janvier 1637. Vifs débats liés à la "querelle du *Cid*", initiée par Mairet et Scudéry. Corneille est accusé de ne pas respecter les règles de la tragédie classique. Intervention de l'Académie française.

Évolution de sa carrière littéraire : 33 pièces en 44 ans. De 1629 à 1636 : plusieurs comédies à succès ; 1637 : triomphe du *Cid*. De 1640 à 1663 : les grandes tragédies (*Horace* en 1640 ; *Cinna* en 1641 ; *Polyeucte* et *La Mort de Pompée* en 1643 ; *Rodogune* en 1645 ; *Héraclius* en 1647 ; *Nicomède*). De 1652 à 1656 : traduction en vers français de *L'Imitation de Jésus-Christ*. Vif succès. De 1659 à 1663 : nouveaux succès tragiques (*Œdipe* en 1659 ; *La Toison d'or* en 1661 ; *Sertorius* en 1662 ; *Sophonisbe* en 1663). De 1664 à 1674 : échec de ses tragédies et comédies héroïques (*Othon* en 1664 ; *Agésilas* en 1666 ; *Attila* en 1667 ; *Tite et Bérénice* en 1670 ; *Pulchérie* en 1672 ; *Suréna* en 1674).

Mort : le 1er octobre 1684, à Paris.

ETRVS CORNELIVS ROTHOMAGENSIS
Anno Dñi. 1643.

Pierre Corneille.
Gravure de Michel Lasne.

Repères chronologiques

Vie et œuvre de Corneille	Événements politiques et culturels
1606 Naissance de Corneille à Rouen.	**1610** Assassinat d'Henri IV. Régence de Marie de Médicis.
1624 Licencié en droit.	**1618** Début de la guerre de Trente Ans.
1628 Avocat du roi au siège des Eaux et Forêts et à l'Amirauté de France.	**1629** Richelieu « principal ministre ».
1629 *Mélite*, comédie.	**1635** Déclaration de guerre à l'Espagne. Fondation officielle de l'Académie française.
1631 *Clitandre*, tragi-comédie.	
1634 *La Place royale*, comédie.	**1636** Complot de Gaston d'Orléans.
1635 *Médée*, tragédie. Appartient au « groupe des Cinq Auteurs » favorisés par Richelieu.	**1637** Descartes, *Discours de la méthode*.
	1638 Naissance de Louis XIV.
1636 **L'Illusion comique, comédie.**	**1639** Naissance de Racine.
1637 **Le Cid, tragi-comédie.** **« Querelle du Cid ».**	**1642** Complot et exécution de Cinq-Mars. Mort de Richelieu, remplacé par Mazarin.
1639 Mort du père de Corneille. Corneille tuteur de ses frères et sœurs.	**1643** Mort de Louis XIII. Régence d'Anne d'Autriche. Victoire de Condé à Rocroi.
1640 *Horace*, tragédie.	
1641 Mariage de Corneille avec Marie de Lampérière. Ils auront sept enfants entre 1641 et 1657.	**1646** Débuts de Molière en province.
	1649 **Début de la Fronde des princes.**
1643 *Polyeucte*, tragédie. *La Mort de Pompée*, tragédie. *Le Menteur*, comédie.	**1652** Fin de la Fronde.

Repères chronologiques

Vie et œuvre de Corneille	Événements politiques et culturels
1647 *Héraclius*, tragédie. Entre à l'Académie française. **1651** *Nicomède*, tragédie. *Pertharite*, tragédie (échec). **1652-1656** Traduction de l'*Imitation de Jésus-Christ*. **1659** *Œdipe*, tragédie. **1660** *Trois Discours sur le poème dramatique*. **1661** *La Toison d'or*, pièce à machines (triomphe). **1662** *Sertorius*, tragédie. **1663** Obtient une pension royale. **1664** *Othon*, tragédie. **1666** *Agésilas*, tragédie. **1667** *Attila*, tragédie. **1670** *Tite et Bérénice*, comédie héroïque. **1674** *Suréna*, tragédie. **1675** Suppression de la pension royale. **1684** **Mort de Corneille à Paris.**	**1661** **Mort de Mazarin.** **Début du règne personnel de Louis XIV.** **1662** Molière, *L'École des femmes*. **1664** Racine, *La Thébaïde*. Molière, *Le Tartuffe*. **1665** Mort du peintre Nicolas Poussin. **1666** Molière, *Le Misanthrope*. **1667** Racine, *Andromaque*. **1668** La Fontaine, *Fables*. **1670** Racine, *Bérénice*. Pascal, *Pensées*. **1671** Racine, *Bajazet*. **1673** Mort de Molière. Racine, *Mithridate*. Racine à l'Académie française. **1674** Boileau, *Art poétique*. **1677** Racine, *Phèdre*. **1678** Madame de La Fayette, *La Princesse de Clèves*.

Fiche d'identité de l'œuvre

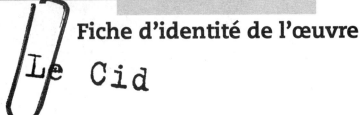

Le Cid

Genre : théâtre, tragi-comédie (qualifiée de tragédie en 1648).

Auteur : Pierre Corneille, XVIIe siècle.

Objets d'étude : tragique et tragédie ; le théâtre : texte et représentation ; l'argumentation : convaincre, persuader, délibérer.

Registres : tragique, lyrique, pathétique, épique.

Structure : cinq actes (comprenant de cinq à huit scènes).

Forme : dialogue en vers.

Principaux personnages : les grands seigneurs (don Diègue, père de Rodrigue et don Gomès, comte de Gormas et père de Chimène) et leurs enfants (Rodrigue, surnommé le Cid, et Chimène). À leurs côtés, don Fernand, roi de Castille, et sa fille, l'infante ; don Sanche ; les gouvernantes (Elvire, Léonor).

Sujet : Rodrigue et Chimène sont déchirés entre leur amour et les devoirs imposés par leur honneur. Alors que les jeunes gens devaient s'unir, leurs pères se querellent. Pour venger don Diègue, Rodrigue doit tuer le comte. Chimène réclame alors sa tête au roi, bien qu'elle l'aime. En battant les Maures, Rodrigue devient un héros. Il n'obtient cependant pas le pardon de Chimène et doit affronter don Sanche dans un duel judiciaire. Le roi demande à Chimène d'épouser Rodrigue, vainqueur.

Représentations de la pièce : les interprétations très déclamatoires des acteurs jouant Rodrigue ont d'abord contribué à son succès. À partir de 1872, le jeu des acteurs se veut plus mesuré. Si, au XXe siècle, des acteurs comme Gérard Philipe (1951) ont souligné la flamboyance de la figure du Cid, certaines mises en scène mirent en avant la dérision ou la violence de la pièce.

Mounet-Sully dans le rôle de Rodrigue
en octobre 1872.

L'œuvre dans son siècle

La tragi-comédie et l'esthétique baroque

Avant d'être transformé par Corneille en tragédie en 1648, *Le Cid* fut, à l'origine, une tragi-comédie. D'ailleurs, bien que ce soit le texte postérieur aux modifications de 1648, 1660 et 1682 qui soit en général joué et publié aujourd'hui (comme c'est le cas dans la présente édition), on conserve en général cette appellation de tragi-comédie pour désigner l'œuvre.

La tragi-comédie est le genre par excellence qui servit, au théâtre, à exprimer l'esthétique baroque. Le baroque (du portugais *barroco*, « perle irrégulière ») fait son apparition à la fin du xvie siècle, d'abord en Italie. Il se caractérise par des rapprochements audacieux et surprenants, par le goût pour tout ce qui est brillant mais aussi tortueux, mystérieux, et par l'usage d'images fortes, voire outrées. Cette esthétique trouve un écho important dans tous les arts, de la poésie (Théophile de Viau) à l'architecture (le Bernin) à la fin du xvie et dans la première moitié du xviie siècle. Ainsi, au début du xviie siècle, les auteurs de tragi-comédies ont le sentiment de créer un genre parfaitement adapté au goût de leur génération.

L'instauration des règles et la « Querelle du Cid »

À partir des années 1620-1630, l'exigence de régularité, caractéristique du théâtre classique, est cependant en train de s'imposer. Les règles du théâtre classique sont inspirées des principes énoncés dans la *Poétique* d'Aristote (384-382 av. J.-C.). Elles s'appliquent à la tragédie et à la comédie, mais s'accordent mal avec les spécificités de la tragi-comédie.

Dans ce contexte, il semble que la tragi-comédie soit vouée à disparaître. Pourtant, comme le public l'apprécie tout particulièrement, elle choisit de s'adapter. On ne se bat plus et l'on ne tue plus sur scène. Les scènes comiques et familières sont moins nombreuses. Les personnages incarnent des héros de l'Histoire et non plus des héros fantaisistes, inventés.

L'œuvre dans son siècle

Le Cid, tel qu'il est présenté en 1637, correspond parfaitement à ces nouvelles inflexions de la tragi-comédie. Déjà en 1631, avec *Clitandre*, Corneille a introduit dans le genre de la tragi-comédie l'unité de temps. Dans *Le Cid,* il cherche à mêler le goût pour le sublime, propre au baroque, avec la tension propre à la tragédie. Il ne prétend cependant pas y respecter toutes les règles de la tragédie classique.

Les rivaux de Corneille vont tirer parti de l'ambivalence de sa pièce pour lui adresser de vives critiques, dès le mois de mars 1637. Ses deux principaux adversaires sont Mairet et Scudéry. Ils l'accusent de plagiat, car il s'est fortement inspiré d'une pièce espagnole (phénomène très courant à l'époque). Mais on lui reproche surtout de ne pas avoir respecté les règles de la vraisemblance, de la bienséance et, dans une moindre mesure, des unités.

Signification et conséquences de la « Querelle du Cid »

Ce que l'on a appelé la « Querelle du *Cid* » st en réalité l'acte de naissance de la tragédie classique. C'est à ce moment que ses règles furent définitivement établies et qu'elles s'imposèrent au théâtre pour plusieurs siècles. Le seul événement comparable fut la « bataille d'*Hernani* », qui opposa en 1830 les tenants du romantisme (notamment Victor Hugo, auteur d'*Hernani*) à ceux de la tradition classique. Le drame romantique, qui s'affranchit des règles de la tragédie demeurées inchangées jusque-là, supplante alors celle-ci.

La « Querelle du Cid » dure jusqu'en décembre 1637. Les *Sentiments de l'Académie française sur la tragi-comédie du « Cid »* sont alors publiés. Ils retiennent les reproches qui concernent la non-observation des règles. En revanche, ils louent le caractère des personnages et l'agrément éprouvé par les spectateurs pour les passions et les pensées exprimées. La légitimité de la figure du dramaturge et de ses choix en matière d'écriture sort renforcée du débat. Simultanément, sa liberté est cependant réduite par l'importance accordée aux règles classiques et au contrôle exercé sur les arts par le pouvoir politique.

L'œuvre dans son siècle

Le théâtre : un art apprécié et très surveillé

La « Querelle du Cid » fut une véritable affaire d'État. Scudéry, en mai 1637, fait en effet appel à Richelieu pour arbitrer son différend avec Corneille. Ce recours semble alors assez naturel : Richelieu, « principal ministre » de Louis XIII (l'équivalent du Premier ministre), s'intéresse de près aux arts. Il désire utiliser le talent des auteurs dramatiques pour renforcer l'adhésion des spectateurs au roi et à sa propre politique.

Paris est alors devenue la capitale européenne du théâtre, qui touche un public de plus en plus large. C'est pourquoi Richelieu défend les arts avec tant d'ardeur, mais aussi et surtout leur codification. Corneille fait d'ailleurs partie du « groupe des Cinq Auteurs » pensionnés par le ministre et chargés d'écrire des pièces sur des canevas définis par ses soins.

C'est l'Académie française, créée par Richelieu en 1635, qui est chargée de trancher entre Corneille et ses détracteurs. Assemblée d'auteurs et d'érudits, elle a pour but de clarifier la langue française et de favoriser la diffusion des œuvres des auteurs français. Le ministre espère qu'en faisant la promotion des règles aristotéliciennes, elle exercera une fonction de censure sur les auteurs. Le théâtre, qui est désormais censé donner l'illusion du vrai, doit respecter les bienséances de son époque. Ainsi, Richelieu espère que l'Académie lui permettra d'influencer les conduites sociales et politiques.

Les valeurs « féodales » et le centralisme étatique

Du point de vue littéraire, Le Cid se veut une tentative de compromis entre l'exubérance de la tragi-comédie et la régularité de la tragédie. De même, sur le plan des idées politiques, cette œuvre illustre le passage, dans le second quart du XVIIe siècle, entre deux époques, deux types de gouvernement.

Le ministère de Richelieu correspond en effet au moment où se met en place une monarchie autoritaire et centralisatrice. Ce

L'œuvre dans son siècle

renforcement du pouvoir royal se fait au détriment des pouvoirs des grands seigneurs. Quelques années après la rédaction du *Cid*, ces derniers se révoltent d'ailleurs contre l'autorité royale dans une guerre civile de plusieurs années, la Fronde (1649-1652). Ils sont nostalgiques des valeurs « féodales » du Moyen Âge qui leur assuraient une plus grande indépendance. Richelieu interdit alors des pratiques qui remettent en cause l'ordre public, comme le duel.

CORNEILLE magnifie les valeurs héroïques dans lesquelles se reconnaissent les grands. Les deux duels dont Rodrigue sort vainqueur constituent des péripéties majeures de la pièce. Le titre même de la pièce, qui correspond au surnom guerrier du héros éponyme, met également en valeur ces idéaux nobles. Cependant, le dénouement de la pièce met au premier plan la primauté de pouvoir royal. C'est le pouvoir justicier de don Fernand qui règle (ou tente de régler) le conflit qui résultait de la soif d'honneur et de vengeance des grands nobles.

Lire l'œuvre aujourd'hui

L'accomplissement et le dépassement de soi

Les valeurs qui apparaissent dans la pièce et sont portées par les personnages principaux correspondent à celles d'un groupe dont l'existence est révolue : l'aristocratie antérieure au régime de la monarchie absolue instaurée par Louis XIV. Elles sont, bien sûr, inspirées par des courants de pensée propres au début du XVIIe siècle. L'influence des néo-stoïciens se manifeste derrière l'exaltation de la maîtrise de soi qui parcourt la pièce. L'influence jésuite peut également expliquer l'omniprésence du thème de la puissance de la volonté de l'homme, doté du plein usage de son libre arbitre.

Ces thèmes n'en conservent pas moins un grand pouvoir de fascination pour le lecteur ou le spectateur d'aujourd'hui. L'usage récurrent des sentences, aisément mémorisables, fait du *Cid* un véritable recueil de maximes, qui se veulent un guide sur la voie du dépassement de soi. L'usage des longs monologues délibératifs, telles les stances de Rodrigue, permet de mettre en scène, d'une façon tout à fait vivante, les déchirements de la conscience. Ceux-ci ne se résument pas à une simple opposition entre passion et raison, mais à une volonté d'agir en restant fidèle à sa propre nature. La nécessité du choix est la seule chose qui s'impose au héros cornélien et pose la question du sacrifice. Faut-il se sacrifier ? Ou, plus précisément, que faut-il sacrifier pour être fidèle à l'image que l'on a de soi-même et démontrer sa différence ?

Le prototype du héros

L'écriture de Corneille et son usage de registre héroïque, voire épique, correspond parfaitement à cette certitude que l'homme peut vaincre tous les obstacles qui se dressent face à lui ou qui se trouvent en lui-même. De fait, l'auteur a inscrit dans sa pièce des éléments qui relèvent presque du merveilleux. La multiplication des guerriers qui se joignent à Rodrigue pour aller vaincre l'armée des Maures revêt un aspect miraculeux. L'action de la pièce est d'ailleurs sciemment située au Moyen Âge : une période choisie par Corneille pour inspirer la nostalgie des grandeurs passées.

Rodrigue incarne, dans l'imaginaire collectif français, l'image même du héros. Il accomplit des prouesses qui rappellent celles des chevaliers de la Table ronde ou celles des héros de la mythologie. C'est Rodrigue qui fut le véritable modèle des héros de cape et d'épée des romans du XIXe siècle. Alexandre Dumas a ainsi largement puisé dans *Le Cid* pour créer les personnages des *Trois Mousquetaires*.

La transgression amoureuse

Le thème des amours contrariées ne vise pas seulement à susciter la pitié des spectateurs. Comme tous les véritables héros, Rodrigue, mais aussi Chimène, doit commettre un acte de l'ordre de la transgression. Chimène commet un acte tabou en étant amoureuse du meurtrier de son père. Dès lors se pose le problème de la légitimité, pour celui qui croit détenir la vérité, d'outrepasser les lois qui s'imposent au reste de l'humanité.

L'amour n'est cependant pas interrogé seulement comme ressort héroïque. Dans *Le Cid*, l'amour est également présenté comme un sentiment violent et une source de plaisir. Corneille montre pourtant comment celui-ci permet aux personnages de réaliser leurs propres valeurs : le respect de l'autre devient respect de soi-même.

Décor de Georges Wakhévitch pour *Hernani,* 1955.

Le Cid

Corneille

Tragi-comédie (1637)

PERSONNAGES

DON[1] FERNAND	*premier roi de Castille.*
DOÑA URRAQUE	*infante de Castille[2].*
DON DIÈGUE	*père de don Rodrigue.*
DON GOMÈS	*comte de Gormas, père de Chimène.*
DON RODRIGUE	*amant de Chimène.*
DON SANCHE	*amoureux de Chimène.*
DON ARIAS	*gentilhomme castillan.*
DON ALONSE	*gentilhomme castillan.*
CHIMÈNE	*fille de don Gomès.*
LÉONOR	*gouvernante de l'Infante.*
ELVIRE	*gouvernante de Chimène.*
UN PAGE DE L'INFANTE.	

La scène est à Séville.

---

1. **Don :** titre donné aux nobles espagnols.
2. **Infante de Castille :** fille de Ferdinand Ier.

ACTE I

Scène 1   Chimène, Elvire.

Chez Chimène.

Chimène

Elvire, m'as-tu fait un rapport bien sincère ?
Ne déguises-tu rien de ce qu'a dit mon père ?

Elvire

Tous mes sens à moi-même[1] en sont encor charmés[2] :
Il estime Rodrigue autant que vous l'aimez,
Et si je ne m'abuse à lire[3] dans son âme,   5
Il vous commandera de répondre à sa flamme[4].

Chimène

Dis-moi donc, je te prie, une seconde fois
Ce qui te fait juger qu'il approuve mon choix :
Apprends-moi de nouveau quel espoir j'en dois prendre[5] ;
Un si charmant discours ne se peut trop entendre ;   10
Tu ne peux trop promettre aux feux de notre amour
La douce liberté de se montrer au jour.
Que t'a-t-il répondu sur la secrète brigue[6]
Que font auprès de toi don Sanche et don Rodrigue ?
N'as-tu point trop fait voir quelle inégalité   15
Entre ces deux amants[7] me penche[8] d'un côté ?

---

1. **À moi-même :** en moi-même.
2. **Charmés :** séduits de manière magique.
3. **Si je ne m'abuse à lire :** si je ne me trompe pas en lisant.
4. **Flamme :** amour.
5. **J'en dois prendre :** je dois en concevoir.
6. **La secrète brigue :** l'intrigue amoureuse.
7. **Amants :** prétendants.
8. **Me penche :** me fait préférer.

Acte I - Scène 1

ELVIRE

Non, j'ai peint votre cœur dans une indifférence
Qui n'enfle d'aucun d'eux ni détruit l'espérance[1],
Et sans les voir d'un œil trop sévère ou trop doux,
20 Attend l'ordre d'un père à[2] choisir un époux.
Ce respect l'a ravi[3], sa bouche et son visage
M'en ont donné sur l'heure un digne témoignage,
Et puisqu'il vous en faut encor faire un récit,
Voici d'eux et de vous ce qu'en hâte il m'a dit :
25 « Elle est dans le devoir, tous deux sont dignes d'elle,
Tous deux formés d'un sang noble, vaillant, fidèle,
Jeunes, mais qui font lire aisément dans leurs yeux
L'éclatante vertu[4] de leurs braves aïeux.
Don Rodrigue surtout n'a trait[5] en son visage
30 Qui d'un homme de cœur[6] ne soit la haute image,
Et sort d'une maison[7] si féconde en guerriers,
Qu'ils y prennent naissance au milieu des lauriers[8].
La valeur de son père, en son temps sans pareille,
Tant qu'a duré sa force, a passé pour merveille ;
35 Ses rides sur son front ont gravé ses exploits,
Et nous disent encor ce qu'il fut autrefois.
Je me promets du fils ce que j'ai vu du père ;
Et ma fille, en un mot, peut l'aimer et me plaire. »
Il allait au Conseil, dont l'heure qui pressait
40 A tranché ce discours qu'à peine il commençait ;
Mais à ce peu de mots je crois que sa pensée

---

1. **Qui n'enfle d'aucun d'eux ni détruit l'espérance** : qui n'enfle et ne détruit l'espérance d'aucun d'eux.
2. **À** : pour.
3. **Ravi** : transporté, ému.
4. **Vertu** : force morale, réputation.
5. **N'a trait** : n'a pas un seul trait.
6. **Cœur** : courage.
7. **Maison** : famille.
8. **Au milieu des lauriers** : au milieu des récompenses de leurs victoires.

Entre vos deux amants n'est pas fort balancée[1].
Le roi doit à son fils élire un gouverneur[2],
Et c'est lui[3] que regarde un tel degré d'honneur :
Ce choix n'est pas douteux, et sa rare vaillance[4]   45
Ne peut souffrir[5] qu'on craigne aucune concurrence.
Comme ses hauts exploits le rendent sans égal,
Dans un espoir si juste il sera sans rival ;
Et puisque don Rodrigue a résolu son père
Au sortir du Conseil à proposer l'affaire[6],   50
Je vous laisse à juger s'il prendra bien son temps[7],
Et si tous vos désirs seront bientôt contents[8].

CHIMÈNE

Il semble toutefois que mon âme troublée
Refuse cette joie et s'en trouve accablée :
Un moment donne au sort des visages divers[9],   55
Et dans ce grand bonheur je crains un grand revers.

ELVIRE

Vous verrez cette crainte heureusement déçue[10].

CHIMÈNE

Allons, quoi qu'il en soit, en attendre l'issue.

---

1. **Balancée :** hésitante.
2. **Gouverneur :** précepteur.
3. **Lui :** le comte.
4. **Vaillance :** courage.
5. **Souffrir :** entraîner.
6. **Affaire :** demande en mariage.
7. **Temps :** moment favorable.
8. **Contents :** contentés.
9. **Visages divers :** apparences contraires.
10. **Déçue :** détrompée.

Scène 2 L'INFANTE, LÉONOR, LE PAGE

Chez l'Infante.

L'INFANTE

Page, allez avertir Chimène de ma part
60 Qu'aujourd'hui pour me voir elle attend un peu tard[1],
Et que mon amitié se plaint de sa paresse.
(Le page rentre.)

LÉONOR

Madame, chaque jour même désir vous presse ;
Et dans son entretien je vous vois chaque jour
Demander en quel point se trouve son amour.

L'INFANTE

65 Ce n'est pas sans sujet : je l'ai presque forcée
À recevoir les traits[2] dont son âme est blessée.
Elle aime don Rodrigue, et le tient de ma main,
Et par moi don Rodrigue a vaincu son dédain :
Ainsi de ces amants ayant formé les chaînes,
70 Je dois prendre intérêt à voir finir leurs peines.

LÉONOR

Madame, toutefois parmi leurs bons succès
Vous montrez un chagrin qui va jusqu'à l'excès.
Cet amour, qui tous deux les comble d'allégresse,
Fait-il de ce grand cœur la profonde tristesse ?
75 Et ce grand intérêt que vous prenez pour eux
Vous rend-il malheureuse alors qu'ils sont heureux ?
Mais je vais trop avant et deviens indiscrète.

L'INFANTE

Ma tristesse redouble à la tenir secrète.
Écoute, écoute enfin comme j'ai combattu,

---

1. **Attend un peu tard :** tarde.
2. **Traits :** flèches (d'amour).

Écoute quels assauts brave encor ma vertu[1].   80
L'amour est un tyran qui n'épargne personne :
Ce jeune cavalier[2], cet amant[3] que je donne,
Je l'aime.

LÉONOR

Vous l'aimez !

L'INFANTE

Mets la main sur mon cœur,
Et vois comme il se trouble au nom de son vainqueur,
Comme il le reconnaît.   85

LÉONOR

Pardonnez-moi, Madame,
Si je sors du respect pour blâmer cette flamme.
Une grande princesse à ce point s'oublier
Que d'admettre en son cœur un simple cavalier !
Et que dirait le Roi ? que dirait la Castille ?
Vous souvient-il encor de qui vous êtes fille ?   90

L'INFANTE

Il m'en souvient si bien que j'épandrai mon sang
Avant que je m'abaisse à démentir[4] mon rang.
Je te répondrais bien que dans les belles âmes
Le seul mérite a droit de produire des flammes[5] ;
Et si ma passion cherchait à s'excuser,   95
Mille exemples fameux pourraient l'autoriser ;
Mais je n'en veux point suivre où ma gloire s'engage[6] ;
La surprise des sens n'abat point mon courage ;
Et je me dis toujours qu'étant fille de roi,
Tout autre qu'un monarque est indigne de moi.   100

---

1. **Vertu :** courage.
2. **Cavalier :** noble gentilhomme.
3. **Amant :** celui qui aime et est aimé.
4. **Démentir :** trahir.
5. **Flammes, feux :** amour en langage galant.
6. **Où ma gloire s'engage :** dans lesquels ma réputation est engagée.

Quand je vis que mon cœur ne se pouvait défendre,
Moi-même je donnai ce que je n'osais prendre.
Je mis, au lieu de moi, Chimène en ses liens,
Et j'allumai leurs feux pour éteindre les miens.
105 Ne t'étonne donc plus si mon âme gênée[1]
Avec impatience attend leur hyménée[2] :
Tu vois que mon repos en dépend aujourd'hui.
Si l'amour vit d'espoir, il périt avec lui :
C'est un feu qui s'éteint, faute de nourriture ;
110 Et malgré la rigueur de ma triste aventure,
Si Chimène a jamais Rodrigue pour mari,
Mon espérance est morte, et mon esprit guéri.
Je souffre cependant un tourment incroyable :
Jusques à cet hymen Rodrigue m'est aimable ;
115 Je travaille à le perdre, et le perds à regret ;
Et de là prend son cours mon déplaisir[3] secret.
Je vois avec chagrin que l'amour me contraigne[4]
À pousser des soupirs pour ce que je dédaigne ;
Je sens en deux partis mon esprit divisé.
120 Si mon courage est haut, mon cœur est embrasé.
Cet hymen m'est fatal, je le crains et souhaite :
Je n'ose en espérer qu'une joie imparfaite.
Ma gloire[5] et mon amour ont pour moi tant d'appas[6],
Que je meurs s'il s'achève ou ne s'achève pas[7].

LÉONOR

125 Madame, après cela je n'ai rien à vous dire,
Sinon que de vos maux avec vous je soupire :
Je vous blâmais tantôt, je vous plains à présent ;

---

1. **Gênée :** torturée.
2. **Hymen, hyménée :** mariage.
3. **Déplaisir :** désespoir.
4. **Contraigne :** contraint.
5. **Gloire :** réputation et honneur.
6. **Appas :** attraits.
7. **S'il s'achève ou ne s'achève pas :** si le mariage se fait ou non.

Mais puisque dans un mal si doux et si cuisant
Votre vertu combat et son charme[1] et sa force,
En repousse l'assaut, en rejette l'amorce,   130
Elle rendra le calme à vos esprits flottants[2].
Espérez donc tout d'elle, et du secours du temps ;
Espérez tout du ciel : il a trop de justice
Pour laisser la vertu dans un si long supplice.

L'INFANTE

Ma plus douce espérance est de perdre l'espoir.   135

LE PAGE

Par vos commandements Chimène vous vient voir.

L'INFANTE, *à Léonor.*

Allez l'entretenir en cette galerie.

LÉONOR

Voulez-vous demeurer dedans la rêverie ?

L'INFANTE

Non, je veux seulement, malgré mon déplaisir,
Remettre mon visage un peu plus à loisir[3].   140
Je vous suis. Juste ciel, d'où j'attends mon remède,
Mets enfin quelque borne au mal qui me possède :
Assure mon repos, assure mon honneur.
Dans le bonheur d'autrui je cherche mon bonheur :
Cet hyménée à trois également importe ;   145
Rends son effet[4] plus prompt, ou mon âme plus forte.
D'un lien conjugal joindre ces deux amants,
C'est briser tous mes fers[5] et finir mes tourments.
Mais je tarde un peu trop : allons trouver Chimène,
Et par son entretien soulager notre peine.   150

---

1. **Charme :** pouvoir ensorcelant.
2. **Flottants :** en désordre.
3. **Remettre mon visage :** rendre calme mon visage.
4. **Effet :** réalisation.
5. **Fers :** chaînes (de l'amour).

Clefs d'analyse

Acte I, scènes 1 et 2.

Compréhension

L'information

- Relever les informations apportées sur les liens unissant les différents personnages.
- Relever les termes qui relèvent de l'anticipation dans la tirade d'Elvire.

Le portrait

- Observer la présentation faite de Rodrigue par deux points de vue différents.
- Relever le vocabulaire de l'éloge qui se trouve dans ces portraits.

Réflexion

Le dialogue

- Expliquer pourquoi Chimène fait répéter à Elvire le « rapport » qu'elle vient de lui faire.
- Analyser le rôle dévolu par Corneille aux gouvernantes.

Les intrigues

- Expliquer pourquoi le personnage éponyme n'apparaît pas dans ces premières scènes.
- Analyser l'aspect tragique de la situation de l'infante.

À retenir :

La première scène d'une pièce de théâtre est appelée « scène d'exposition ». Elle a pour fonction d'apporter toutes les informations essentielles au spectateur sur le sujet central de la pièce et sur ses personnages principaux. Lorsqu'elle débute in medias res, *cela signifie que l'action a déjà débuté au moment où le rideau se lève. Souvent, la scène d'exposition est constituée d'une conversation prise en cours.*

Scène 3 — LE COMTE, DON DIÈGUE.

Une place publique devant le palais royal.

LE COMTE

Enfin vous l'emportez, et la faveur du Roi
Vous élève en un rang qui n'était dû qu'à moi :
Il vous fait gouverneur du prince de Castille.

DON DIÈGUE

Cette marque d'honneur[1] qu'il met dans ma famille
Montre à tous qu'il est juste, et fait connaître assez   155
Qu'il sait récompenser les services passés.

LE COMTE

Pour grands que soient les rois, ils sont ce que nous sommes :
Ils peuvent se tromper comme les autres hommes ;
Et ce choix sert de preuve à tous les courtisans
Qu'ils savent mal payer les services présents.   160

DON DIÈGUE

Ne parlons plus d'un choix dont votre esprit s'irrite :
La faveur[2] l'a pu faire autant que le mérite ;
Mais on doit ce respect au pouvoir absolu,
De n'examiner rien quand un roi l'a voulu.
À l'honneur qu'il m'a fait ajoutez-en un autre ;   165
Joignons d'un sacré nœud[2] ma maison et la vôtre :
Vous n'avez qu'une fille, et moi je n'ai qu'un fils ;
Leur hymen nous peut rendre à jamais plus qu'amis :
Faites-nous cette grâce, et l'acceptez pour gendre.

---

1. **Honneur :** estime.
2. **La faveur :** le crédit.
3. **Sacré nœud :** sacrement du mariage.

Acte I - Scène 3

LE COMTE

170 À des partis plus hauts ce beau fils doit prétendre ;
Et le nouvel éclat de votre dignité
Lui doit enfler le cœur d'une autre vanité.
Exercez-la[1], Monsieur, et gouvernez le Prince :
Montrez-lui comme il faut régir une province,
175 Faire trembler partout les peuples sous la loi,
Remplir les bons d'amour, et les méchants d'effroi.
Joignez à ces vertus celles d'un capitaine :
Montrez-lui comme il faut s'endurcir à la peine,
Dans le métier de Mars[2] se rendre sans égal,
180 Passer les jours entiers et les nuits à cheval,
Reposer tout armé, forcer une muraille,
Et ne devoir qu'à soi le gain d'une bataille.
Instruisez-le d'exemple[3], et rendez-le parfait,
Expliquant à ses yeux vos leçons par l'effet.

DON DIÈGUE

185 Pour s'instruire d'exemple, en dépit de l'envie,
Il lira seulement l'histoire de ma vie.
Là, dans un long tissu de belles actions,
Il verra comme il faut dompter des nations,
Attaquer une place, ordonner une armée,
190 Et sur de grands exploits bâtir sa renommée.

LE COMTE

Les exemples vivants sont d'un autre pouvoir[4],
Un prince dans un livre apprend mal son devoir.
Et qu'a fait après tout ce grand nombre d'années,
Que ne puisse égaler une de mes journées ?
195 Si vous fûtes vaillant, je le suis aujourd'hui,
Et ce bras du royaume est le plus ferme appui.

---

1. **Exercez-la :** exercez cette dignité.
2. **Mars :** la guerre.
3. **D'exemple :** par l'exemple.
4. **Sont d'un autre pouvoir :** ont une tout autre influence.

Grenade et l'Aragon[1] tremblent quand ce fer brille ;
Mon nom sert de rempart à toute la Castille :
Sans moi, vous passeriez bientôt sous d'autres lois,
Et vous auriez bientôt vos ennemis pour rois.   200
Chaque jour, chaque instant, pour rehausser ma gloire,
Met lauriers sur lauriers, victoire sur victoire :
Le Prince à mes côtés ferait dans les combats
L'essai de son courage à l'ombre de mon bras ;
Il apprendrait à vaincre en me regardant faire   205
Et pour répondre en hâte à son grand caractère[2],
Il verrait…

DON DIÈGUE
                Je le sais, vous servez bien le Roi :
Je vous ai vu combattre et commander sous moi.
Quand l'âge dans mes nerfs a fait couler sa glace,
Votre rare valeur a bien rempli ma place ;   210
Enfin, pour épargner les discours superflus,
Vous êtes aujourd'hui ce qu'autrefois je fus.
Vous voyez toutefois qu'en cette concurrence[3]
Un monarque entre nous met quelque différence.

LE COMTE
Ce que je méritais, vous l'avez emporté.   215

DON DIÈGUE
Qui l'a gagné sur vous l'avait mieux mérité.

LE COMTE
Qui peut mieux l'exercer en est bien le plus digne.

---

1. **Grenade et Aragon :** royaumes d'Espagne longtemps restés indépendants. Grenade, capitale de l'Andalousie, est aux mains des Maures jusqu'en 1492 ; l'Aragon est le royaume catholique rival de la Castille, il ne lui sera réuni qu'en 1469.
2. **Son grand caractère :** la grandeur de son état, de son statut.
3. **Concurrence :** compétition.

DON DIÈGUE

En être refusé n'en est pas un bon signe[1].

LE COMTE

Vous l'avez eu par brigue[2], étant vieux courtisan.

DON DIÈGUE

220 L'éclat de mes hauts faits fut mon seul partisan[3].

LE COMTE

Parlons-en mieux, le Roi fait honneur à votre âge.

DON DIÈGUE

Le Roi, quand il en fait[4], le mesure au courage.

LE COMTE

Et par là cet honneur n'était dû qu'à mon bras.

DON DIÈGUE

Qui n'a pu l'obtenir ne le méritait pas.

LE COMTE

225 Ne le méritait pas ! moi ?

DON DIÈGUE

Vous.

LE COMTE

Ton impudence,

Téméraire vieillard, aura sa récompense.
(Il lui donne un soufflet.)

DON DIÈGUE, *mettant l'épée à la main.*

Achève, et prends ma vie, après un tel affront,
Le premier dont ma race ait vu rougir son front.

LE COMTE

Et que penses-tu faire avec tant de faiblesse ?

---

1. **En être refusé n'en est pas un bon signe :** être refusé pour cette charge, cette fonction, n'est pas un signe de dignité.
2. **Brigue :** intrigue.
3. **Partisan :** allié.
4. **Quand il en fait :** quand il fait honneur.

DON DIÈGUE

Ô Dieu ! ma force usée en ce besoin[1] me laisse !   230

LE COMTE

Ton épée est à moi ; mais tu serais trop vain[2],
Si ce honteux trophée[3] avait chargé ma main.
Adieu. Fais lire au Prince, en dépit de l'envie,
Pour son instruction, l'histoire de ta vie :
D'un insolent discours ce juste châtiment   235
Ne lui servira pas d'un petit ornement.

---

1. **Besoin :** situation critique.
2. **Tu serais trop vain :** tu tirerais trop de gloire.
3. **Trophée :** se réfère à l'épée qu'il dédaigne de prendre.

Le Comte :
Ton impudence / Téméraire vieillard, aura sa récompense
(acte I, scène 3). Gravure.

Scène 4 <small>Don Diègue</small>

Don Diègue

Ô rage ! ô désespoir ! ô vieillesse ennemie !
N'ai-je donc tant vécu que pour cette infamie ?
Et ne suis-je blanchi dans les travaux guerriers
Que pour voir en un jour flétrir tant de lauriers ?   240
Mon bras, qu'avec respect toute l'Espagne admire,
Mon bras, qui tant de fois a sauvé cet empire,
Tant de fois affermi le trône de son roi,
Trahit donc ma querelle[1], et ne fait rien pour moi ?
Ô cruel souvenir de ma gloire passée !   245
Œuvre de tant de jours en un jour effacée !
Nouvelle dignité, fatale à mon bonheur !
Précipice[2] élevé d'où tombe mon honneur !
Faut-il de votre éclat voir triompher le Comte,
Et mourir sans vengeance, ou vivre dans la honte ?   250
Comte, sois de mon prince à présent gouverneur :
Ce haut rang n'admet point un homme sans honneur ;
Et ton jaloux orgueil, par cet affront insigne[3],
Malgré le choix du Roi, m'en a su rendre indigne.
Et toi, de mes exploits glorieux instrument,   255
Mais d'un corps tout de glace[4] inutile ornement,
Fer[70], jadis tant à craindre et qui, dans cette offense,
M'as servi de parade[5], et non pas de défense,
Va, quitte désormais le dernier des humains,
Passe, pour me venger, en de meilleures mains.   260

---

1. **Querelle :** cause.
2. **Précipice :** lieu élevé d'où l'on tombe.
3. **Insigne :** extraordinaire.
4. **Tout de glace :** refroidi par les années (l'âge).
5. **Fer :** épée.
6. **Parade :** parure

Clefs d'analyse

Acte I, scène 4.

Compréhension

Le pathétique

- Relever les termes appartenant au champ lexical de la peine.
- Relever les phrases exclamatives, interrogatives et nominatives.

Un morceau de bravoure

- Relever les apostrophes.
- Relever les allitérations, les répétitions et les anaphores.

Réflexion

La mise en scène

- Expliquer à qui (à quoi) s'adresse successivement don Diègue.
- Expliquer quelle gestuelle peut accompagner cette scène.

L'honneur

- Analyser la conception de l'honneur de don Diègue.
- Expliquer pourquoi don Diègue se juge indigne de la fonction de gouverneur du prince.
- Analyser et discuter la place dévolue au roi dans ce passage.

À retenir :

On parle de monologue lorsqu'un personnage se trouve seul en scène et se parle à lui-même. Il s'agit d'une convention, d'un artifice propre au théâtre. Grâce au monologue, le spectateur peut avoir accès aux pensées intimes du personnage. En effet, celui-ci n'a pas à déformer sa pensée pour tenter d'obtenir quelque chose d'un autre personnage ou pour essayer de l'influencer.

Scène 5   DON DIÈGUE, DON RODRIGUE.

DON DIÈGUE
Rodrigue, as-tu du cœur[1] ?

DON RODRIGUE
                   Tout autre que mon père
L'éprouverait sur l'heure.

DON DIÈGUE
                 Agréable colère !
Digne ressentiment[2] à ma douleur bien doux !
Je reconnais mon sang[3] à ce noble courroux ;
Ma jeunesse revit en cette ardeur si prompte.   265
Viens, mon fils, viens, mon sang, viens réparer ma honte ;
Viens me venger.

DON RODRIGUE
         De quoi ?

DON DIÈGUE
                 D'un affront si cruel,
Qu'à l'honneur de tous deux il porte un coup mortel :
D'un soufflet. L'insolent en eût perdu la vie ;
Mais mon âge a trompé ma généreuse[4] envie :   270
Et ce fer que mon bras ne peut plus soutenir,
Je le remets au tien pour venger et punir.
Va contre un arrogant éprouver ton courage :
Ce n'est que dans le sang qu'on lave un tel outrage ;

---

1. **Cœur :** courage.
2. **Ressentiment :** réaction du sentiment.
3. **Sang :** lignée.
4. **Généreuse :** digne de mon rang.

275 Meurs ou tue. Au surplus, pour ne te point flatter[1],
Je te donne à combattre un homme à redouter :
Je l'ai vu, tout couvert de sang et de poussière,
Porter partout l'effroi dans une armée entière.
J'ai vu par sa valeur cent escadrons rompus[2] ;
280 Et pour t'en dire encor quelque chose de plus,
Plus que brave soldat, plus que grand capitaine,
C'est...

DON RODRIGUE

De grâce, achevez.

DON DIÈGUE

Le père de Chimène.

DON RODRIGUE

Le...

DON DIÈGUE

Ne réplique point, je connais ton amour ;
Mais qui peut vivre infâme est indigne du jour.
285 Plus l'offenseur est cher, et plus grande est l'offense.
Enfin tu sais l'affront, et tu tiens la vengeance[3].
Je ne te dis plus rien. Venge-moi, venge-toi ;
Montre-toi digne fils d'un père tel que moi.
Accablé des malheurs où le destin me range[4],
290 Je vais les déplorer[5] : va, cours, vole, et nous venge.

---

1. **Flatter :** tromper.
2. **Rompus :** vaincus.
3. **Tu tiens la vengeance :** sous-entendu, entre tes mains.
4. **Me range :** m'impose, me soumet.
5. **Déplorer :** pleurer sur eux.

Scène 6 DON RODRIGUE

DON RODRIGUE

Percé jusques au fond du cœur
D'une atteinte imprévue aussi bien que mortelle,
Misérable[1] vengeur d'une juste querelle,
Et malheureux objet d'une injuste rigueur,
Je demeure immobile, et mon âme abattue   295
    Cède au coup qui me tue.
Si près de voir mon feu[2] récompensé,
    Ô Dieu, l'étrange peine !
En cet affront mon père est l'offensé,
Et l'offenseur le père de Chimène !   300

    Que je sens de rudes combats !
Contre mon propre honneur[3] mon amour s'intéresse[4] :
Il faut venger un père, et perdre une maîtresse[5].
L'un m'anime le cœur, l'autre retient mon bras.
Réduit au triste choix ou de trahir ma flamme,   305
    Ou de vivre en infâme,
Des deux côtés mon mal est infini.
    Ô Dieu, l'étrange peine !
Faut-il laisser un affront impuni ?
Faut-il punir le père de Chimène ?   310

---

1. **Misérable** : digne de pitié.
2. **Feu** : amour.
3. **Honneur** : réputation.
4. **S'intéresse** : prend parti.
5. **Maîtresse** : personne aimée.

Acte I - Scène 6

Père, maîtresse, honneur, amour,
Noble et dure contrainte, aimable tyrannie,
Tous mes plaisirs sont morts, ou ma gloire[1] ternie.
L'un me rend malheureux, l'autre indigne du jour.
315 Cher et cruel espoir d'une âme généreuse[2],
      Mais ensemble[3] amoureuse,
Digne ennemi de mon plus grand bonheur,
      Fer qui causes ma peine,
M'es-tu donné pour venger mon honneur ?
320 M'es-tu donné pour perdre ma Chimène ?

      Il vaut mieux courir au trépas.
Je dois à ma maîtresse aussi bien qu'à mon père ;
J'attire en me vengeant sa haine et sa colère ;
J'attire ses mépris en ne me vengeant pas.
325 À mon plus doux espoir l'un me rend infidèle,
      Et l'autre indigne d'elle.
Mon mal augmente à le vouloir guérir ;
      Tout redouble ma peine.
Allons, mon âme ; et puisqu'il faut mourir,
330 Mourons du moins sans offenser Chimène.

      Mourir sans tirer ma raison[4] !
Rechercher un trépas si mortel à ma gloire !
Endurer que l'Espagne impute à ma mémoire[5]
D'avoir mal soutenu l'honneur de ma maison !
335 Respecter un amour dont mon âme égarée
      Voit la perte assurée !

---

1. **Gloire :** réputation, honneur.
2. **Généreuse :** née d'un bon lignage.
3. **Ensemble :** en même temps.
4. **Sans tirer ma raison :** sans obtenir réparation de l'offense.
5. **Mémoire :** souvenir laissé.

N'écoutons plus ce penser[1] suborneur[2],
    Qui ne sert qu'à ma peine.
Allons, mon bras, sauvons du moins l'honneur,
Puisqu'après tout il faut perdre Chimène.   340

    Oui, mon esprit s'était déçu[3].
Je dois tout à mon père avant qu'à ma maîtresse :
Que je meure au combat, ou meure de tristesse,
Je rendrai mon sang pur comme je l'ai reçu.
Je m'accuse déjà de trop de négligence :   345
    Courons à la vengeance ;
Et tout honteux d'avoir tant balancé[4],
    Ne soyons plus en peine,
Puisqu'aujourd'hui mon père est l'offensé,
Si l'offenseur est père de Chimène.   350

---

1. **Penser :** idée.
2. **Suborneur :** trompeur.
3. **Déçu :** trompé.
4. **Balancé :** hésité.

Synthèse Acte I

L'exposition : sentiments et hiérarchie sociale

Personnages

Des nobles pleins d'orgueil

La péripétie qui va troubler l'ordre initial est déclenchée par le comte et don Diègue, tous deux représentants d'un attachement excessif au passé. Ils ne soutiennent pas les jeunes héros, Rodrigue et Chimène, par leurs conseils. Ils ne les aident pas à s'adapter au monde qui les entoure et à y trouver leur place, comme devrait le faire un père. Ils refusent le contrôle de l'État sur le règlement des conflits, alors que celui-ci est devenu la norme. La jalousie du comte et l'orgueil de don Diègue sont les véritables moteurs de l'action dans cet acte.

Langage

Les stances

Les stances constituent une forme de monologue couramment utilisée par les auteurs de tragi-comédies et de tragédies entre 1630 et 1660. Il convient de les distinguer de la tirade, qui produit un effet moins saisissant sur le spectateur. Les stances apparaissent comme une irruption du lyrique dans l'ordonnance rhétorique de la tragédie. Elles permettent aussi à l'auteur de changer de rythme par rapport aux autres passages de la pièce, et donc d'attirer l'attention du spectateur sur les états d'âme du personnage. Le rythme est d'autant plus vif que le jeu suppose une grande variété de tons. La métrique variée se double d'une symétrie parfaite dans la disposition des vers. Chaque strophe contient des vers de longueurs différentes et se termine par un refrain. Les rimes ne sont pas des rimes plates (aabb) comme dans le reste de la pièce. Il y a alternance de rimes embrassées (abba), plates (cc) et croisées (eded).

Synthèse Acte I

Société

Une très forte hiérarchie sociale

La société d'Ancien Régime est une société hiérarchisée où chacun a sa place. Les ascensions sociales fulgurantes sont rares et difficiles. La population est divisée en trois ordres bien distincts : la noblesse, le clergé et le peuple. La bourgeoisie prend cependant de plus en plus d'importance au XVIIe siècle. Des mariages commencent à être noués entre gens de la noblesse et bourgeois enrichis. Ils sont cependant fort mal considérés, et Molière s'en moque largement dans ses comédies comme *George Dandin*. À l'intérieur de la noblesse elle-même, les mariages ne se concluent pas entre n'importe qui.

De ce point de vue, une phrase prononcée par une autre infante d'Espagne, réelle celle-ci, l'épouse de Louis XIV, est très représentative. À son confesseur qui lui demandait si elle n'avait jamais ressenti d'inclination pour un des personnages de la cour d'Espagne avant son mariage, elle répondit : « Mais comment ? Il n'y avait à la cour de roi que mon père ! » Pour elle, il était inconcevable que la fille d'un roi d'Espagne épouse un homme qui ne fût pas roi. C'est bien les usages et la morale de son époque que Corneille retranscrit au travers du personnage de l'infante, et non les pratiques du Moyen Âge.

ACTE II

Scène 1 <small>DON ARIAS, LE COMTE.</small>

Une salle du palais.

LE COMTE

Je l'avoue entre nous, mon sang[1] un peu trop chaud
S'est trop ému d'un mot et l'a porté trop haut[2] ;
Mais puisque c'en est fait, le coup est sans remède.

DON ARIAS

Qu'aux volontés du Roi ce grand courage cède :
Il y prend grande part, et son cœur irrité   355
Agira contre vous de pleine autorité.
Aussi vous n'avez point de valable défense :
Le rang de l'offensé, la grandeur de l'offense,
Demandent des devoirs et des submissions[3]
Qui passent le commun des satisfactions[4].   360

LE COMTE

Le Roi peut à son gré disposer de ma vie.

DON ARIAS

De trop d'emportement votre faute est suivie.
Le Roi vous aime encore ; apaisez son courroux.
Il a dit : « Je le veux » ; désobéirez-vous ?

LE COMTE

Monsieur, pour conserver tout ce que j'ai d'estime[5],   365
Désobéir un peu n'est pas un si grand crime ;

---

1. **Sang :** tempérament.
2. **L'a porté trop haut :** a exagéré l'importance de ce mot.
3. **Submissions :** soumissions.
4. **Qui passent le commun des satisfactions :** qui dépassent les excuses ordinaires.
5. **Tout ce que j'ai d'estime :** toute l'estime dont on me gratifie.

Et quelque grand qu'il soit, mes services présents
Pour le faire abolir[1] sont plus que suffisants.

DON ARIAS
Quoi qu'on fasse d'illustre et de considérable,
370 Jamais à son sujet un roi n'est redevable.
Vous vous flattez beaucoup, et vous devez savoir
Que qui sert bien son roi ne fait que son devoir.
Vous vous perdrez, Monsieur, sur cette confiance.

LE COMTE
Je ne vous en croirai qu'après l'expérience.

DON ARIAS
375 Vous devez redouter la puissance d'un roi.

LE COMTE
Un jour seul ne perd pas un homme tel que moi.
Que toute sa grandeur s'arme pour mon supplice,
Tout l'État périra, s'il faut que je périsse.

DON ARIAS
Quoi ! vous craignez si peu le pouvoir souverain…

LE COMTE
380 D'un sceptre qui sans moi tomberait de sa main.
Il a trop d'intérêt lui-même en ma personne,
Et ma tête en tombant ferait choir sa couronne.

DON ARIAS
Souffrez que la raison remette vos esprits.
Prenez un bon conseil[2].

LE COMTE
                    Le conseil en est pris.

DON ARIAS
385 Que lui dirai-je enfin ? Je lui dois rendre conte[3].

---

1. **Abolir :** oublier, pardonner.
2. **Conseil :** décision.
3. **Conte :** compte.

LE COMTE

Que je ne puis du tout consentir à ma honte.

DON ARIAS

Mais songez que les rois veulent être absolus.

LE COMTE

Le sort en est jeté, Monsieur, n'en parlons plus.

DON ARIAS

Adieu donc, puisqu'en vain je tâche à vous résoudre[1] :
Avec tous vos lauriers[2], craignez encor le foudre.   390

LE COMTE

Je l'attendrai sans peur.

DON ARIAS

Mais non pas sans effet.

LE COMTE

Nous verrons donc par là don Diègue satisfait.
(Il est seul.)
Qui ne craint point la mort ne craint point les menaces.
J'ai le cœur au-dessus des plus fières[3] disgrâces ;
Et l'on peut me réduire à vivre sans bonheur,   395
Mais non pas me résoudre à vivre sans honneur.

---

1. **Résoudre :** convaincre.
2. **Lauriers :** dans l'Antiquité, on croyait que le laurier écartait la foudre. Ici, sens figuré : les lauriers de victoire ne protègent pas de la colère (foudre) du roi.
3. **Fières :** cruelles.

Scène 2   Le Comte, Don Rodrigue.

La place devant le palais royal.

DON RODRIGUE

À moi, Comte, deux mots.

LE COMTE

Parle.

DON RODRIGUE

Ôte-moi d'un doute.

Connais-tu bien don Diègue ?

LE COMTE

Oui.

DON RODRIGUE

Parlons bas ; écoute.

Sais-tu que ce vieillard fut la même vertu[1],

400   La vaillance et l'honneur de son temps ? le sais-tu ?

LE COMTE

Peut-être.

DON RODRIGUE

Cette ardeur que dans les yeux je porte,

Sais-tu que c'est son sang ? le sais-tu ?

LE COMTE

Que m'importe ?

DON RODRIGUE

À quatre pas d'ici je te le fais savoir.

LE COMTE

Jeune présomptueux !

---

1. **La même vertu :** le courage même.

DON RODRIGUE

Parle sans t'émouvoir.

Je suis jeune, il est vrai ; mais aux âmes bien nées   405
La valeur n'attend point le nombre des années.

LE COMTE

Te mesurer à moi ! qui t'a rendu si vain[1],
Toi qu'on n'a jamais vu les armes à la main ?

DON RODRIGUE

Mes pareils à deux fois ne se font point connaître[2],
Et pour leurs coups d'essai veulent des coups de maître.   410

LE COMTE

Sais-tu bien qui je suis ?

DON RODRIGUE

Oui ; tout autre que moi
Au seul bruit de ton nom pourrait trembler d'effroi.
Les palmes[3] dont je vois ta tête si couverte
Semblent porter écrit le destin de ma perte.
J'attaque en téméraire un bras toujours vainqueur ;   415
Mais j'aurai trop de force, ayant assez de cœur[4].
À qui venge son père il n'est rien impossible.
Ton bras est invaincu, mais non pas invincible.

LE COMTE

Ce grand cœur qui paraît aux discours que tu tiens,
Par tes yeux, chaque jour, se découvrait aux miens ;   420
Et croyant voir en toi l'honneur de la Castille,
Mon âme avec plaisir te destinait ma fille.
Je sais ta passion, et suis ravi de voir
Que tous ses mouvements cèdent à ton devoir ;
Qu'ils n'ont point affaibli cette ardeur magnanime ;   425

---

1. **Vain :** vaniteux.
2. **Mes pareils à deux fois ne se font point connaître :** Mes semblables ne s'y reprennent pas à deux fois pour prouver leur valeur.
3. **Palmes :** symboles de la victoire.
4. **Cœur :** courage.

Que ta haute vertu répond à mon estime ;
Et que, voulant pour gendre un cavalier parfait,
Je ne me trompais point au choix que j'avais fait ;
Mais je sens que pour toi ma pitié s'intéresse[1] ;
430 J'admire ton courage, et je plains ta jeunesse.
Ne cherche point à faire un coup d'essai fatal ;
Dispense ma valeur d'un combat inégal ;
Trop peu d'honneur pour moi suivrait cette victoire :
À vaincre sans péril, on triomphe sans gloire.
435 On te croirait toujours abattu sans effort ;
Et j'aurais seulement le regret de ta mort.

DON RODRIGUE

D'une indigne pitié ton audace est suivie :
Qui m'ose ôter l'honneur craint de m'ôter la vie !

LE COMTE

Retire-toi d'ici.

DON RODRIGUE

Marchons sans discourir.

LE COMTE

440 Es-tu si las de vivre ?

DON RODRIGUE

As-tu peur de mourir ?

LE COMTE

Viens, tu fais ton devoir, et le fils dégénère[2]
Qui[3] survit un moment à l'honneur de son père.

---

1. **S'intéresse :** s'émeut.
2. **Dégénère :** déchoit.
3. **Qui :** s'il.

Clefs d'analyse

Acte II, scène 2.

Compréhension

L'argumentation

- Relever les questions oratoires.
- Relever les sentences.
- Relever les passages dans lesquels le comte tente une conciliation.

Les jugements

- Relever le vocabulaire de l'éloge et celui du mépris.
- Relever les modes verbaux employés dans les phrases exclamatives.

Réflexion

Une joute verbale

- Analyser les différentes formes de répliques adoptées par le dialogue.
- Expliquer de quelle sorte d'action cette composition est une transposition, et pourquoi celle-ci n'est pas présentée directement sur scène.

Jeunesse et expérience

- Expliquer comment Rodrigue veut signifier au comte qu'il parle à un égal.
- Analyser l'ambivalence des sentiments du comte envers Rodrigue.

À retenir :

La « stichomythie » est une organisation du dialogue versifié qui permet de renforcer la vivacité des joutes verbales. L'auteur découpe alors les vers en plusieurs fragments. Chacun de ces fragments est prononcé par l'un des personnages du dialogue. Ce procédé est particulièrement prisé par Corneille.

Scène 3 L'Infante, Chimène, Léonor.

Chez l'Infante.

L'INFANTE

Apaise, ma Chimène, apaise ta douleur :
Fais agir ta constance[1] en ce coup de malheur.
445 Tu reverras le calme après ce faible orage ;
Ton bonheur n'est couvert que d'un peu de nuage,
Et tu n'as rien perdu pour le voir différer.

CHIMÈNE

Mon cœur outré d'ennuis[2] n'ose rien espérer.
Un orage si prompt qui trouble une bonace[3]
450 D'un naufrage certain nous porte la menace :
Je n'en saurais douter, je péris dans le port.
J'aimais, j'étais aimée, et nos pères d'accord ;
Et je vous en contais la charmante nouvelle
Au malheureux moment que naissait leur querelle,
455 Dont le récit fatal, sitôt qu'on vous l'a fait,
D'une si douce attente a ruiné l'effet.
Maudite ambition, détestable manie[4],
Dont les plus généreux souffrent la tyrannie !
Honneur impitoyable à mes plus chers désirs,
460 Que tu me vas coûter de pleurs et de soupirs !

L'INFANTE

Tu n'as dans leur querelle aucun sujet de craindre :
Un moment l'a fait naître, un moment va l'éteindre.

---

1. **Constance :** force d'âme.
2. **Outré d'ennuis :** débordé de douleur.
3. **Bonace :** mer calme.
4. **Manie :** passion.

Elle a fait trop de bruit pour ne pas s'accorder[1],
Puisque déjà le Roi les veut accommoder[2] ;
Et tu sais que mon âme, à tes ennuis sensible,   465
Pour en tarir la source y fera l'impossible.

CHIMÈNE

Les accommodements ne font rien en ce point :
De si mortels affronts ne se réparent point.
En vain on fait agir la force ou la prudence :
Si l'on guérit le mal, ce n'est qu'en apparence.   470
La haine que les cœurs conservent au-dedans
Nourrit des feux cachés, mais d'autant plus ardents.

L'INFANTE

Le saint nœud qui joindra don Rodrigue et Chimène
Des pères ennemis dissipera la haine ;
Et nous verrons bientôt votre amour le plus fort   475
Par un heureux hymen étouffer ce discord[3].

CHIMÈNE

Je le souhaite ainsi plus que je ne l'espère :
Don Diègue est trop altier, et je connais mon père.
Je sens couler des pleurs que je veux retenir ;
Le passé me tourmente, et je crains l'avenir.   480

L'INFANTE

Que crains-tu ? d'un vieillard l'impuissante faiblesse !

CHIMÈNE

Rodrigue a du courage.

L'INFANTE

Il a trop de jeunesse.

CHIMÈNE

Les hommes valeureux le sont du premier coup.

---

1. **S'accorder :** arriver à un accord.
2. **Accommoder :** réconcilier.
3. **Discord :** désaccord.

Acte II - Scène 3

L'INFANTE

Tu ne dois pas pourtant le redouter beaucoup :
485 Il est trop amoureux pour te vouloir déplaire,
Et deux mots de ta bouche arrêtent sa colère.

CHIMÈNE

S'il ne m'obéit point, quel comble à mon ennui !
Et s'il peut m'obéir, que dira-t-on de lui ?
Étant né ce qu'il est, souffrir un tel outrage !
490 Soit qu'il cède ou résiste au feu qui me l'engage[1],
Mon esprit ne peut qu'être ou honteux ou confus,
De son trop de respect, ou d'un juste refus.

L'INFANTE

Chimène a l'âme haute, et quoique intéressée[2],
Elle ne peut souffrir une basse pensée ;
495 Mais si jusques au jour de l'accommodement
Je fais mon prisonnier de ce parfait amant,
Et que j'empêche ainsi l'effet de son courage,
Ton esprit amoureux n'aura-t-il point d'ombrage[3] ?

CHIMÈNE

Ah ! Madame, en ce cas je n'ai plus de souci.

---

1. **Qui me l'engage :** qui l'engage envers moi.
2. **Intéressée :** concernée.
3. **Ombrage :** défiance.

Scène 4 L'Infante, Chimène, Léonor,
Le page.

L'Infante

Page, cherchez Rodrigue, et l'amenez ici.   500

Le page

Le comte de Gormas et lui…

Chimène

Bon Dieu ! je tremble.

L'Infante

Parlez.

Le page

De ce palais ils sont sortis ensemble.

Chimène

Seuls ?

Le page

Seuls, et qui semblaient tout bas se quereller.

Chimène

Sans doute[1], ils sont aux mains, il n'en faut plus parler.
Madame, pardonnez à cette promptitude[2].   505

---

1. **Sans doute :** on ne peut en douter.
2. **Promptitude :** départ hâtif.

Scène 5 L'Infante, Léonor.

L'Infante

Hélas ! que dans l'esprit je sens d'inquiétude !
Je pleure ses malheurs, son amant me ravit[1] ;
Mon repos m'abandonne, et ma flamme revit.
Ce qui va séparer Rodrigue de Chimène
510 Fait renaître à la fois mon espoir et ma peine ;
Et leur division, que je vois à regret,
Dans mon esprit charmé jette un plaisir secret.

Léonor

Cette haute vertu[2] qui règne dans votre âme
Se rend-elle sitôt à cette lâche flamme ?

L'Infante

515 Ne la nomme point lâche, à présent que chez moi
Pompeuse[3] et triomphante, elle me fait la loi :
Porte-lui du respect, puisqu'elle m'est si chère.
Ma vertu la combat, mais malgré moi j'espère ;
Et d'un si fol espoir mon cœur mal défendu
520 Vole après un amant que Chimène a perdu.

Léonor

Vous laissez choir ainsi ce glorieux courage,
Et la raison chez vous perd ainsi son usage ?

L'Infante

Ah ! qu'avec peu d'effet on entend la raison,
Quand le cœur est atteint d'un si charmant[4] poison !
525 Et lorsque le malade aime sa maladie,
Qu'il a peine à souffrir que l'on y remédie !

---

1. **Ravit :** enlève, emporte.
2. **Vertu :** force d'âme.
3. **Pompeuse :** glorieuse.
4. **Charmant :** ensorcelant.

LÉONOR

Votre espoir vous séduit[1], votre mal vous est doux ;
Mais enfin ce Rodrigue est indigne de vous.

L'INFANTE

Je ne le sais que trop ; mais si ma vertu cède,
Apprends comme l'amour flatte un cœur qu'il possède.   530
Si Rodrigue une fois sort vainqueur du combat,
Si dessous sa valeur[2] ce grand guerrier[3] s'abat,
Je puis en faire cas, je puis l'aimer sans honte.
Que ne fera-t-il point, s'il peut vaincre le Comte !
J'ose m'imaginer qu'à ses moindres exploits   535
Les royaumes entiers tomberont sous ses lois ;
Et mon amour flatteur déjà me persuade
Que je le vois assis au trône de Grenade,
Les Mores subjugués trembler en l'adorant,
L'Aragon recevoir ce nouveau conquérant,   540
Le Portugal[4] se rendre, et ses nobles journées
Porter delà les mers ses hautes destinées,
Du sang des Africains arroser ses lauriers ;
Enfin tout ce qu'on dit des plus fameux guerriers,
Je l'attends de Rodrigue après cette victoire,   545
Et fais de son amour[5] un sujet de ma gloire[6].

LÉONOR

Mais, Madame, voyez où vous portez son bras,
Ensuite[7] d'un combat qui peut-être n'est pas.

L'INFANTE

Rodrigue est offensé ; le Comte a fait l'outrage ;
Ils sont sortis ensemble : en faut-il davantage ?   550

---

1. **Séduit :** trompe.
2. **Dessous sa valeur :** vaincu par sa valeur.
3. **Grand guerrier :** le comte.
4. **Portugal :** pays occupé par les Maures.
5. **Son amour :** l'amour que je lui porte.
6. **Gloire :** réputation.
7. **Ensuite :** à la suite.

LÉONOR

Eh bien ! ils se battront, puisque vous le voulez ;
Mais Rodrigue ira-t-il si loin que vous allez ?

L'INFANTE

Que veux-tu ? je suis folle, et mon esprit s'égare :
Tu vois par là quels maux cet amour me prépare.
555 Viens dans mon cabinet[1] consoler mes ennuis[2],
Et ne me quitte point dans le trouble où je suis.

Scène 6 DON FERNAND, DON ARIAS, DON SANCHE.

Chez le roi.

DON FERNAND

Le Comte est donc si vain, et si peu raisonnable !
Ose-t-il croire encor son crime pardonnable ?

DON ARIAS

Je l'ai de votre part longtemps entretenu ;
560 J'ai fait mon pouvoir[3], Sire, et n'ai rien obtenu.

DON FERNAND

Justes Cieux ! ainsi donc un sujet téméraire
A si peu de respect et de soin de me plaire !
Il offense don Diègue, et méprise son roi !
Au milieu de ma cour il me donne la loi !
565 Qu'il soit brave guerrier, qu'il soit grand capitaine,
Je saurai bien rabattre une humeur si hautaine.
Fût-il la valeur même, et le dieu des combats,
Il verra ce que c'est que de n'obéir pas.
Quoi qu'ait pu mériter une telle insolence,
570 Je l'ai voulu d'abord traiter sans violence ;

---

1. **Cabinet :** pièce retirée.
2. **Ennuis :** douleur.
3. **Pouvoir :** possible.

Mais puisqu'il en abuse, allez dès aujourd'hui,
Soit qu'il résiste ou non, vous assurer de lui[1].

DON SANCHE
Peut-être un peu de temps le rendrait moins rebelle :
On l'a pris tout bouillant encor de sa querelle ;
Sire, dans la chaleur d'un premier mouvement,   575
Un cœur si généreux[2] se rend malaisément.
Il voit bien qu'il a tort, mais une âme si haute
N'est pas sitôt réduite à confesser sa faute.

DON FERNAND
Don Sanche, taisez-vous, et soyez averti
Qu'on se rend criminel à prendre son parti.   580

DON SANCHE
J'obéis, et me tais ; mais de grâce encore Sire,
Deux mots en sa défense.

DON FERNAND
                    Et que pouvez-vous dire ?

DON SANCHE
Qu'une âme accoutumée aux grandes actions
Ne se peut abaisser à des soumissions :
Elle n'en conçoit point qui s'expliquent sans honte ;   585
Et c'est à ce mot seul qu'a résisté le Comte.
Il trouve en son devoir un peu trop de rigueur,
Et vous obéirait, s'il avait moins de cœur.
Commandez que son bras, nourri dans les alarmes,
Répare cette injure à la pointe des armes ;   590
Il satisfera[3], Sire ; et vienne qui voudra[4],
Attendant qu'il l'ait su[5], voici qui répondra[6].

---

1. **Vous assurer de lui :** l'arrêter.
2. **Cœur si généreux :** courage si bien né.
3. **Il satisfera :** il réparera l'affront.
4. **Vienne qui voudra :** quel que soit celui qui voudra (se battre contre le comte).
5. **Attendant qu'il l'ait su :** en attendant qu'il le sache.
6. **Voici qui répondra :** mon épée répondra.

DON FERNAND

Vous perdez le respect ; mais je pardonne à l'âge,
Et j'excuse l'ardeur en un jeune courage.
595 Un roi dont la prudence a de meilleurs objets
Est meilleur ménager du sang de ses sujets :
Je veille pour les miens, mes soucis les conservent,
Comme le chef[1] a soin des membres qui le servent.
Ainsi votre raison n'est pas raison pour moi :
600 Vous parlez en soldat ; je dois agir en roi ;
Et quoi qu'on veuille dire, et quoi qu'il ose croire,
Le Comte à m'obéir ne peut perdre sa gloire.
D'ailleurs l'affront me touche : il a perdu d'honneur
Celui que de mon fils j'ai fait le gouverneur ;
605 S'attaquer à mon choix, c'est se prendre à moi-même,
Et faire un attentat sur le pouvoir suprême.
N'en parlons plus. Au reste, on a vu dix vaisseaux
De nos vieux ennemis arborer les drapeaux ;
Vers la bouche du fleuve ils ont osé paraître.

DON ARIAS

610 Les Mores ont appris par force à vous connaître,
Et tant de fois vaincus, ils ont perdu le cœur
De se plus hasarder contre un si grand vainqueur.

DON FERNAND

Ils ne verront jamais sans quelque jalousie
Mon sceptre, en dépit d'eux, régir l'Andalousie[2] ;
615 Et ce pays si beau, qu'ils ont trop possédé,
Avec un œil d'envie est toujours regardé.
C'est l'unique raison qui m'a fait dans Séville[3]
Placer depuis dix ans le trône de Castille,
Pour les voir de plus près, et d'un ordre plus prompt
620 Renverser aussitôt ce qu'ils entreprendront.

---

1. **Chef** : tête.
2. **Andalousie** : région du sud de l'Espagne.
3. **Séville** : anachronisme nécessaire puisque Séville ne sera conquise qu'en 1248.

DON ARIAS

Ils savent aux dépens de leurs plus dignes têtes,
Combien votre présence assure vos conquêtes :
Vous n'avez rien à craindre.

DON FERNAND

          Et rien à négliger :
Le trop de confiance attire le danger ;
Et vous n'ignorez pas qu'avec fort peu de peine   625
Un flux de pleine mer[1] jusqu'ici les amène.
Toutefois j'aurais tort de jeter dans les cœurs,
L'avis[2] étant mal sûr, de paniques terreurs.
L'effroi que produirait cette alarme inutile,
Dans la nuit qui survient troublerait trop la ville :   630
Faites doubler la garde aux murs et sur le port.
C'est assez pour ce soir.

Scène 7 DON FERNAND, DON SANCHE, DON ALONSE.

DON ALONSE

Sire, le Comte est mort :
Don Diègue, par son fils, a vengé son offense.

DON FERNAND

Dès que j'ai su l'affront, j'ai prévu la vengeance ;
Et j'ai voulu dès lors prévenir[3] ce malheur.   635

DON ALONSE

Chimène à vos genoux apporte sa douleur ;
Elle vient tout en pleurs vous demander justice.

---

1. **Un flux de pleine mer :** la marée.
2. **L'avis :** la nouvelle.
3. **Prévenir :** empêcher.

DON FERNAND

Bien qu'à ses déplaisirs[1] mon âme compatisse,
Ce que le Comte a fait semble avoir mérité
640 Ce digne[2] châtiment de sa témérité.
Quelque juste pourtant que puisse être sa peine,
Je ne puis sans regret perdre un tel capitaine.
Après un long service à mon État rendu,
Après son sang pour moi mille fois répandu,
645 À quelques sentiments que son orgueil m'oblige,
Sa perte m'affaiblit, et son trépas m'afflige.

Scène 8 DON FERNAND, DON DIÈGUE, CHIMÈNE, DON SANCHE, DON ARIAS, DON ALONSE.

CHIMÈNE

Sire, Sire, justice !

DON DIÈGUE

Ah ! Sire, écoutez-nous.

CHIMÈNE

Je me jette à vos pieds.

DON DIÈGUE

J'embrasse vos genoux.

CHIMÈNE

Je demande justice.

DON DIÈGUE

Entendez ma défense.

---

1. **Déplaisirs :** sujets de plainte.
2. **Digne :** juste.

CHIMÈNE

D'un jeune audacieux punissez l'insolence :   650
Il a de votre sceptre abattu le soutien,
Il a tué mon père.

DON DIÈGUE

Il a vengé le sien.

CHIMÈNE

Au sang de ses sujets[1] un roi doit la justice.

DON DIÈGUE

Pour la juste vengeance il n'est point de supplice.

DON FERNAND

Levez-vous l'un et l'autre, et parlez à loisir.   655
Chimène, je prends part à votre déplaisir ;
D'une égale douleur je sens mon âme atteinte.
(À don Diègue.)
Vous parlerez après ; ne troublez pas sa plainte.

CHIMÈNE

Sire, mon père est mort ; mes yeux ont vu son sang
Couler à gros bouillons de son généreux flanc ;   660
Ce sang qui tant de fois garantit vos murailles,
Ce sang qui tant de fois vous gagna des batailles,
Ce sang qui tout sorti fume encor de courroux
De se voir répandu pour d'autres que pour vous,
Qu'au milieu des hasards n'osait verser la guerre,   665
Rodrigue en votre cour vient d'en couvrir la terre.
J'ai couru sur le lieu, sans force et sans couleur :
Je l'ai trouvé sans vie. Excusez ma douleur,
Sire, la voix me manque à ce récit funeste ;
Mes pleurs et mes soupirs vous diront mieux le reste.   670

DON FERNAND

Prends courage, ma fille, et sache qu'aujourd'hui
Ton roi te veut servir de père au lieu de lui.

---

1. **Au sang de ses sujets :** pour punir un crime de sang.

Acte II - Scène 8

CHIMÈNE

Sire, de trop d'honneur ma misère est suivie.
Je vous l'ai déjà dit, je l'ai trouvé sans vie ;
675 Son flanc était ouvert ; et, pour mieux m'émouvoir,
Son sang sur la poussière écrivait mon devoir ;
Ou plutôt sa valeur en cet état réduite
Me parlait par sa plaie, et hâtait ma poursuite[1] ;
Et, pour se faire entendre au plus juste des rois,
680 Par cette triste bouche elle empruntait ma voix.
Sire, ne souffrez pas que sous votre puissance
Règne devant vos yeux une telle licence[2] ;
Que les plus valeureux, avec impunité,
Soient exposés aux coups de la témérité ;
685 Qu'un jeune audacieux triomphe de leur gloire,
Se baigne dans leur sang, et brave leur mémoire.
Un si vaillant guerrier qu'on vient de vous ravir
Éteint, s'il n'est vengé, l'ardeur de vous servir.
Enfin mon père est mort, j'en demande vengeance,
690 Plus pour votre intérêt que pour mon allégeance[3].
Vous perdez en la mort d'un homme de son rang :
Vengez-la par une autre, et le sang par le sang.
Immolez, non à moi, mais à votre couronne,
Mais à votre grandeur, mais à votre personne ;
695 Immolez, dis-je, Sire, au bien de tout l'État
Tout ce[4] qu'enorgueillit un si haut attentat[5].

DON FERNAND

Don Diègue, répondez.

DON DIÈGUE

Qu'on est digne d'envie

---

1. **Hâtait ma poursuite** : me poussait à continuer.
2. **Licence** : excès de liberté.
3. **Allégeance** : soulagement de la peine.
4. **Tout ce** : tous ceux (Rodrigue et Don Diègue).
5. **Un si haut attentat** : un attentat contre une personne de si haut rang.

Lorsqu'en perdant la force on perd aussi la vie,
Et qu'un long âge apprête[1] aux hommes généreux[2],
Au bout de leur carrière, un destin malheureux !   700
Moi, dont les longs travaux[3] ont acquis tant de gloire,
Moi, que jadis partout a suivi la victoire,
Je me vois aujourd'hui, pour avoir trop vécu,
Recevoir un affront et demeurer vaincu.
Ce que n'a pu jamais combat, siège, embuscade,   705
Ce que n'a pu jamais Aragon ni Grenade,
Ni tous vos ennemis, ni tous mes envieux,
Le Comte en votre cour l'a fait presque à vos yeux,
Jaloux de votre choix, et fier de[4] l'avantage
Que lui donnait sur moi l'impuissance de l'âge.   710
Sire, ainsi ces cheveux blanchis sous le harnois[5],
Ce sang pour vous servir prodigué tant de fois,
Ce bras, jadis l'effroi d'une armée ennemie,
Descendaient au tombeau tous chargés d'infamie,
Si je n'eusse produit un fils digne de moi,   715
Digne de son pays et digne de son roi.
Il m'a prêté sa main, il a tué le Comte ;
Il m'a rendu l'honneur, il a lavé ma honte.
Si montrer du courage et du ressentiment,
Si venger un soufflet mérite un châtiment,   720
Sur moi seul doit tomber l'éclat de la tempête :
Quand le bras a failli[6], l'on en punit la tête.
Qu'on nomme crime, ou non, ce qui fait nos débats,
Sire, j'en suis la tête, il n'en est que le bras.
Si Chimène se plaint qu'il a tué son père,   725
Il ne l'eût jamais fait si je l'eusse pu faire.

---

1. **Apprête :** prépare.
2. **Généreux :** animés de nobles sentiments.
3. **Travaux :** entreprises périlleuses.
4. **Fier de :** rendu courageux par.
5. **Harnois :** ici, armure.
6. **Failli :** fauté.

Immolez donc ce chef[1] que les ans vont ravir,
Et conservez pour vous le bras qui peut servir.
Aux dépens de mon sang satisfaites Chimène :
730 Je n'y résiste point, je consens à ma peine ;
Et loin de murmurer d'un[2] rigoureux décret[3],
Mourant sans déshonneur, je mourrai sans regret.

DON FERNAND

L'affaire est d'importance, et, bien considérée,
Mérite en plein conseil d'être délibérée.
735 Don Sanche, remettez Chimène en sa maison.
Don Diègue aura ma cour et sa foi[4] pour prison.
Qu'on me cherche son fils. Je vous ferai justice.

CHIMÈNE

Il est juste, grand Roi, qu'un meurtrier périsse.

DON FERNAND

Prends du repos, ma fille, et calme tes douleurs.

CHIMÈNE

740 M'ordonner du repos, c'est croître[5] mes malheurs.

---

1. **Chef :** tête.
2. **Murmurer de :** contester.
3. **Décret :** décision.
4. **Foi :** promesse.
5. **Croître :** accroître.

Clefs d'analyse

Acte II, scène 8.

Compréhension

Un procès par contumace

- Relever par quels termes Chimène et don Diègue définissent leur rôle respectif dans cette scène.
- Définir les rôles du roi dans la scène.

Une description saisissante

- Relever les termes appartenant au champ lexical du sang.
- Relever les expressions violentes ou hyperboliques.

Réflexion

Convaincre et persuader

- Analyser l'usage des différents registres employés par Chimène et don Diègue.
- Discuter l'image de Rodrigue donnée par Chimène dans son réquisitoire.

Le corps : image et présence

- Analyser la fonction rhétorique des références au corps.
- Expliquez les rapports entre le geste et la parole dans cette scène.

À retenir :

À l'origine, un réquisitoire est un discours par lequel celui qui tient le rôle du ministère public énumère les charges qui pèsent sur un accusé. Au théâtre, le terme « réquisitoire », utilisé de manière figurée, désigne un discours qui contient une sorte d'acte d'accusation contre quelqu'un.

Synthèse Acte II

Chimène, moteur de l'action

Personnages

Une plaideuse efficace

Les personnages dont les actions ont empêché le mariage de Chimène et Rodrigue sont le comte et don Gomès. Chimène n'est cependant plus, à partir de l'acte II, une simple victime des événements. Du point de vue dramatique, c'est elle qui, dès lors, devient le moteur de l'action. Elle la prolonge en rappelant désormais à chaque acte, et ce jusqu'au dénouement, le motif de la vengeance. En ce qui concerne le discours, c'est grâce au personnage de Chimène qu'il prend de plus en plus souvent un tour argumentatif. Don Diègue cesse de considérer qu'il peut se situer au-dessus des lois, et s'en remet enfin au jugement du roi. Quant à Rodrigue, il a accompli pour son premier coup d'épée un coup de maître, mais il n'a pas encore atteint la stature de héros épique qu'il va prendre par la suite.

Langage

Les sentences cornéliennes

Corneille est reconnu pour deux formes d'écriture dont on peut dire qu'elles sont totalement opposées. Ce sont les illustrations qu'il en a données dans *Le Cid* qui ont le plus frappé les spectateurs de l'époque et ceux d'aujourd'hui encore. D'un côté, il y a les stances, de longues périodes destinées à exprimer la tristesse ou la désolation des héros et qui doivent susciter la pitié chez le spectateur.

De l'autre côté se situent les sentences. Assimilables aux maximes, les sentences sont des phrases lapidaires qui énoncent une vérité générale, se voulant d'une importante valeur morale. Pour Corneille, elles constituent l'un des éléments qui participent le plus à l'utilité du théâtre. Elles ont deux fonctions dans *Le Cid*. D'une part, elles donnent force et solennité aux arguments présentés dans les nombreux discours judiciaires de la pièce. D'autre part, les sentences rendent vraisemblables les éléments héroïques du texte. Cet aspect est particulièrement perceptible dans les discours que don Diègue tient à Rodrigue et au comte à propos de sa valeur et de son honneur, ou dans celui que Rodrigue tient au comte avant de le tuer (par exemple : « À qui venge son père il n'est rien d'impossible », v. 417).

Les sentences sont construites de façon à frapper l'esprit : travail du rythme, jeu des sonorités, symétrie, reprise syntaxique et lexicale (« À vaincre sans péril, on triomphe sans gloire » : rythme 6/6 ; symétrie de la construction dans les deux hémistiches ; reprise de la préposition « sans » ; assonance).

Société

Le duel

C'est la querelle entre le comte et don Diègue qui est à l'origine de l'intrigue principale dans Le Cid. Le résultat de cette querelle est un duel qui va opposer Rodrigue et le comte. Le duel, qui est une manière pour les nobles de régler leurs différends entre eux, sans passer par la médiation de la justice royale, est de plus en plus violemment combattu dans la première moitié du XVIIe siècle. Richelieu fait édicter une législation particulièrement sévère à son sujet. Cette législation explique en partie que Chimène puisse présenter la mort de son père comme un vulgaire meurtre. D'un autre côté, cette série d'interdictions a donné à cette pratique un surplus de prestige. Le duel est de l'ordre de la transgression à cette époque. C'est pourquoi il est commode d'en faire la première action par laquelle se révèle la valeur de Rodrigue. À cause de la règle de la bienséance, cette action déterminante pour le déroulement de la pièce n'est pas représentée sur scène. C'est en effet l'un des buts premiers de l'établissement des règles classiques que de donner l'image d'une société policée, qui respecte le pouvoir central.

ACTE III

Scène 1 DON RODRIGUE, ELVIRE.

Chez Chimène.

ELVIRE

Rodrigue, qu'as-tu fait ? où viens-tu[1], misérable[2] ?

DON RODRIGUE

Suivre le triste cours de mon sort déplorable[3].

ELVIRE

Où prends-tu cette audace et ce nouvel orgueil,
De paraître en des lieux que tu remplis de deuil ?
Quoi ! viens-tu jusqu'ici braver l'ombre du Comte ?   745
Ne l'as-tu pas tué ?

DON RODRIGUE

         Sa vie était ma honte :
Mon honneur[4] de ma main a voulu cet effort.

ELVIRE

Mais chercher ton asile en la maison du mort !
Jamais un meurtrier en fit-il son refuge ?

DON RODRIGUE

Et je n'y viens aussi que m'offrir à mon juge.   750
Ne me regarde plus d'un visage étonné[5] ;
Je cherche le trépas après l'avoir donné.
Mon juge est mon amour, mon juge est ma Chimène :
Je mérite la mort de mériter sa haine[6],
Et j'en[7] viens recevoir, comme un bien souverain,   755
Et l'arrêt[8] de sa bouche, et le coup de sa main.

---

1. **Où viens-tu ?** : te rends-tu compte d'où tu viens ?
2. **Misérable** : personne digne de pitié.
3. **Déplorable** : digne d'être pleuré.
4. **Honneur** : réputation.
5. **Étonné** : frappé de stupeur.
6. **De mériter sa haine** : puisque je mérite sa haine.
7. **En** : de la mort.
8. **Arrêt** : sentence (de mort).

Acte III - Scène 1

ELVIRE

Fuis plutôt de ses yeux, fuis de sa violence ;
À ses premiers transports dérobe ta présence :
Va, ne t'expose point aux premiers mouvements
760 Que poussera l'ardeur de ses ressentiments.

DON RODRIGUE

Non, non, ce cher objet[1] à qui j'ai pu déplaire
Ne peut pour mon supplice avoir trop de colère ;
Et j'évite cent morts qui me vont accabler,
Si pour mourir plus tôt je puis la redoubler[2].

ELVIRE

765 Chimène est au palais, de pleurs toute baignée,
Et n'en reviendra point que bien accompagnée.
Rodrigue, fuis, de grâce : ôte-moi de souci[3].
Que ne dira-t-on point si l'on te voit ici ?
Veux-tu qu'un médisant, pour comble à sa misère,
770 L'accuse d'y souffrir[4] l'assassin de son père ?
Elle va revenir ; elle vient, je la voi[5] :
Du moins, pour son honneur, Rodrigue, cache-toi.

Scène 2 DON SANCHE, CHIMÈNE, ELVIRE.

DON SANCHE

Oui, Madame, il vous faut de sanglantes victimes :
Votre colère est juste, et vos pleurs légitimes ;
775 Et je n'entreprends pas, à force de parler,

---

1. **Objet :** Chimène.
2. **La redoubler :** redoubler sa colère.
3. **De souci :** cette inquiétude.
4. **Souffrir :** supporter.
5. **Voi :** vois (orthographe admise au XVIIe siècle).

Ni de vous adoucir, ni de vous consoler.
Mais si de vous servir je puis être capable,
Employez mon épée à punir le coupable ;
Employez mon amour à venger cette mort :
Sous vos commandements mon bras sera trop fort[1].   780

CHIMÈNE

Malheureuse !

DON SANCHE

De grâce, acceptez mon service[2].

CHIMÈNE

J'offenserais le Roi, qui m'a promis justice.

DON SANCHE

Vous savez qu'elle marche avec tant de langueur,
Qu'assez souvent le crime échappe à sa longueur[3] ;
Son cours lent et douteux fait trop perdre de larmes.   785
Souffrez qu'un cavalier vous venge par les armes :
La voie en est plus sûre, et plus prompte à punir.

CHIMÈNE

C'est le dernier remède ; et s'il faut y venir,
Et que de mes malheurs cette pitié vous dure[4],
Vous serez libre alors de venger mon injure[5].   790

DON SANCHE

C'est l'unique bonheur où mon âme prétend ;
Et, pouvant l'espérer, je m'en vais trop content[6].

---

1. **Trop fort :** très fort.
2. **Service :** service féodal.
3. **Longueur :** lenteur.
4. **Cette pitié vous dure :** vous continuiez à en prendre pitié.
5. **Mon injure :** l'outrage que j'ai subi.
6. **Trop content :** très satisfait.

Scène 3 CHIMÈNE, ELVIRE.

CHIMÈNE

Enfin je me vois libre, et je puis sans contrainte
De mes vives douleurs te faire voir l'atteinte ;
795 Je puis donner passage à mes tristes soupirs ;
Je puis t'ouvrir mon âme et tous mes déplaisirs.
Mon père est mort, Elvire ; et la première épée
Dont s'est armé Rodrigue, a sa trame coupée[4].
Pleurez, pleurez, mes yeux, et fondez-vous en eau !
800 La moitié de ma vie a mis l'autre au tombeau,
Et m'oblige à venger, après ce coup funeste,
Celle que je n'ai plus sur celle qui me reste.

ELVIRE

Reposez-vous, Madame.

CHIMÈNE

Ah ! que mal à propos
Dans un malheur si grand tu parles de repos !
805 Par où sera jamais ma douleur apaisée,
Si je ne puis haïr la main qui l'a causée ?
Et que dois-je espérer qu'un tourment éternel[2],
Si je poursuis un crime, aimant le criminel !

ELVIRE

Il vous prive d'un père, et vous l'aimez encore !

CHIMÈNE

810 C'est peu de dire aimer, Elvire : je l'adore ;
Ma passion s'oppose à mon ressentiment ;
Dedans mon ennemi je trouve mon amant ;

---

1. **A sa trame coupée :** a coupé le fil de ses jours.
2. **Espérer qu'un tourment :** espérer d'autre qu'un tourment.

Je sens qu'en dépit de toute ma colère,
Rodrigue dans mon cœur combat encor mon père :
Il l'attaque, il le presse, il cède, il se défend,   815
Tantôt fort, tantôt faible, et tantôt triomphant ;
Mais, en ce dur combat de colère et de flamme,
Il déchire mon cœur sans partager mon âme[1] ;
Et quoi que mon amour ait sur moi de pouvoir,
Je ne consulte[2] point pour suivre mon devoir :   820
Je cours sans balancer[3] où mon honneur[4] m'oblige.
Rodrigue m'est bien cher, son intérêt[5] m'afflige ;
Mon cœur prend son parti ; mais, malgré son effort[6],
Je sais ce que je suis, et que mon père est mort.

ELVIRE

Pensez-vous le poursuivre[7] ?   825

CHIMÈNE

          Ah ! cruelle pensée !
Et cruelle poursuite où je me vois forcée !
Je demande sa tête, et crains de l'obtenir :
Ma mort suivra la sienne, et je le veux punir !

ELVIRE

Quittez, quittez, Madame, un dessein si tragique ;
Ne vous imposez point de loi si tyrannique.   830

CHIMÈNE

Quoi ! mon père étant mort, et presque entre mes bras,
Son sang[8] criera vengeance, et je ne l'orrai[9] pas !

---

1. **Âme :** volonté.
2. **Consulte :** délibère.
3. **Balancer :** hésiter.
4. **Honneur :** souci de ma réputation.
5. **Intérêt :** l'intérêt que je lui porte.
6. **Son effort :** l'effort de mon cœur (pour Rodrigue).
7. **Le poursuivre :** poursuivre en justice.
8. **Son sang :** sa mort.
9. **Orrai :** ouïrai.

Mon cœur, honteusement surpris par d'autres charmes[1],
Croira ne lui devoir que d'impuissantes larmes !
835 Et je pourrai souffrir qu'un amour suborneur[2]
Sous un lâche silence étouffe mon honneur !

ELVIRE

Madame, croyez-moi, vous serez excusable
D'avoir moins de chaleur contre un objet aimable,
Contre un amant si cher : vous avez assez fait,
840 Vous avez vu le Roi ; n'en pressez point l'effet[3],
Ne vous obstinez point en cette humeur étrange.

CHIMÈNE

Il y va de ma gloire[4], il faut que je me venge ;
Et de quoi que nous flatte un désir amoureux[5],
Toute excuse est honteuse aux esprits généreux[6].

ELVIRE

845 Mais vous aimez Rodrigue, il ne peut vous déplaire.

CHIMÈNE

Je l'avoue.

ELVIRE

Après tout[7], que pensez-vous donc faire ?

CHIMÈNE

Pour conserver ma gloire et finir mon ennui,
Le poursuivre, le perdre[8], et mourir après lui.

---

1. **Charmes :** attraits, ensorcellements.
2. **Suborneur :** qui détourne du devoir.
3. **L'effet :** la décision (royale).
4. **Gloire :** réputation, estime.
5. **De quoi que nous flatte un désir amoureux :** quelle que soit la séduction de l'amour.
6. **Généreux :** bien nés.
7. **Après tout :** en dernier lieu.
8. **Le perdre :** obtenir son châtiment (la mort).

CHIMÈNE.

Quoi, du sang de mon père encor toute trempée!

Le Cid, AC. III, Sc. IV.

Dessin de Jean-Michel Moreau pour l'acte III, scène 4.

Scène 4 <small>DON RODRIGUE, CHIMÈNE, ELVIRE.</small>

DON RODRIGUE

Eh bien ! sans vous donner la peine de poursuivre,
850 Assurez-vous l'honneur de m'empêcher de vivre.

CHIMÈNE

Elvire, où sommes-nous, et qu'est-ce que je vois ?
Rodrigue en ma maison ! Rodrigue devant moi !

DON RODRIGUE

N'épargnez point mon sang : goûtez sans résistance
La douceur de ma perte et de votre vengeance.

CHIMÈNE

855 Hélas !

DON RODRIGUE

Écoute-moi.

CHIMÈNE

Je me meurs.

DON RODRIGUE

Un moment.

CHIMÈNE

Va, laisse-moi mourir.

DON RODRIGUE

Quatre mots seulement :
Après, ne me réponds qu'avecque[1] cette épée.

CHIMÈNE

Quoi ! du sang de mon père encor toute trempée !

---

1. **Avecque :** avec.

DON RODRIGUE

Ma Chimène…

CHIMÈNE

Ôte-moi cet objet odieux,
Qui reproche ton crime et ta vie à mes yeux.   860

DON RODRIGUE

Regarde-le plutôt pour exciter ta haine,
Pour croître ta colère et pour hâter ma peine[1].

CHIMÈNE

Il est teint de mon sang.

DON RODRIGUE

               Plonge-le dans le mien,
Et fais-lui perdre ainsi la teinture du tien.

CHIMÈNE

Ah ! quelle cruauté, qui tout en un jour tue   865
Le père par le fer, la fille par la vue !
Ôte-moi cet objet, je ne le puis souffrir :
Tu veux que je t'écoute, et tu me fais mourir !

DON RODRIGUE

Je fais ce que tu veux, mais sans quitter l'envie
De finir par tes mains ma déplorable vie ;   870
Car enfin n'attends pas de mon affection[2]
Un lâche repentir d'une bonne action.
L'irréparable effet d'une chaleur[3] trop prompte
Déshonorait mon père, et me couvrait de honte.
Tu sais comme un soufflet touche un homme de cœur[4] ;   875
J'avais part à l'affront, j'en ai cherché l'auteur :
Je l'ai vu, j'ai vengé mon honneur et mon père ;
Je le ferais encor si j'avais à le faire.

---

1. **Ma peine :** mon châtiment.
2. **Affection :** amour.
3. **Chaleur :** mouvement de colère.
4. **Cœur :** courage.

Ce n'est pas qu'en effet contre mon père et moi
880 Ma flamme assez longtemps n'ait combattu pour toi ;
Juge de son pouvoir : dans une telle offense
J'ai pu délibérer si j'en prendrais vengeance.
Réduit à te déplaire, ou souffrir un affront,
J'ai pensé qu'à son tour mon bras était trop prompt ;
885 Je me suis accusé de trop de violence ;
Et ta beauté sans doute emportait la balance[1],
À moins que d'opposer[2] à tes plus forts appas
Qu'un homme sans honneur ne te méritait pas ;
Que, malgré cette part que j'avais en ton âme,
890 Qui m'aima généreux me haïrait infâme ;
Qu'écouter ton amour, obéir à sa voix,
C'était m'en rendre indigne et diffamer[3] ton choix.
Je te le dis encore ; et quoique j'en soupire,
Jusqu'au dernier soupir je veux bien le redire :
895 Je t'ai fait une offense, et j'ai dû m'y porter[4]
Pour effacer ma honte, et pour te mériter ;
Mais quitte envers l'honneur, et quitte envers mon père,
C'est maintenant à toi que je viens satisfaire[5].
C'est pour t'offrir mon sang qu'en ce lieu tu me vois.
900 J'ai fait ce que j'ai dû, je fais ce que je dois.
Je sais qu'un père mort t'arme contre mon crime ;
Je ne t'ai pas voulu dérober ta victime :
Immole avec courage au sang qu'il[6] a perdu
Celui qui met sa gloire à l'avoir répandu.

CHIMÈNE

905 Ah ! Rodrigue, il est vrai, quoique ton ennemie,
Je ne puis te blâmer d'avoir fui l'infamie ;

---

1. **Ta beauté emportait la balance :** ta beauté l'aurait emporté.
2. **À moins que d'opposer :** si je n'avais opposé.
3. **Diffamer :** déshonorer.
4. **Porter :** décider.
5. **Satisfaire :** offrir réparation.
6. **Il :** le comte.

Et de quelque façon qu'éclatent mes douleurs,
Je ne t'accuse point, je pleure mes malheurs.
Je sais ce que l'honneur, après un tel outrage,
Demandait à l'ardeur d'un généreux courage : 910
Tu n'as fait le devoir que d'un homme de bien ;
Mais aussi, le faisant, tu m'as appris le mien.
Ta funeste valeur m'instruit par ta victoire ;
Elle a vengé ton père et soutenu ta gloire :
Même soin me regarde, et j'ai, pour m'affliger, 915
Ma gloire à soutenir, et mon père à venger.
Hélas ! ton intérêt[1] ici me désespère :
Si quelque autre malheur m'avait ravi mon père,
Mon âme aurait trouvé dans le bien[2] de te voir
L'unique allégement qu'elle eût pu recevoir ; 920
Et contre ma douleur j'aurais senti des charmes[3],
Quand une main si chère eût essuyé mes larmes.
Mais il me faut te perdre après l'avoir perdu ;
Cet effort sur ma flamme à mon honneur est dû ;
Et cet affreux devoir, dont l'ordre m'assassine, 925
Me force à travailler moi-même à ta ruine.
Car enfin n'attends pas de mon affection
De lâches sentiments[4] pour ta punition.
De quoi qu'en ta faveur notre amour m'entretienne[5],
Ma générosité doit répondre à la tienne : 930
Tu t'es, en m'offensant, montré digne de moi ;
Je me dois, par ta mort, montrer digne de toi.

DON RODRIGUE

Ne diffère donc plus ce que l'honneur t'ordonne :

---

1. **Ton intérêt :** l'intérêt que j'ai pour toi.
2. **Le bien :** le bonheur.
3. **Charmes :** attraits.
4. **De lâches sentiments :** des sentiments qui me feraient renoncer à tout châtiment.
5. **De quoi qu'en ta faveur notre amour t'entretienne :** quelles que soient les pensées que notre amour me dicte en ta faveur.

Il demande ma tête, et je te l'abandonne ;
935 Fais-en un sacrifice à ce noble intérêt :
Le coup m'en sera doux, aussi bien que l'arrêt.
Attendre après mon crime une lente justice,
C'est reculer ta gloire autant que mon supplice.
Je mourrai trop heureux, mourant d'un coup si beau.

CHIMÈNE

940 Va, je suis ta partie[1], et non pas ton bourreau.
Si tu m'offres ta tête, est-ce à moi de la prendre ?
Je la dois attaquer, mais tu dois la défendre ;
C'est d'un autre que toi qu'il me faut l'obtenir,
Et je dois te poursuivre, et non pas te punir.

DON RODRIGUE

945 De quoi qu'en ma faveur notre amour t'entretienne,
Ta générosité doit répondre à la mienne ;
Et pour venger un père emprunter d'autres bras,
Ma Chimène, crois-moi, c'est n'y répondre pas :
Ma main seule du mien a su venger l'offense,
950 Ta main seule du tien doit prendre la vengeance.

CHIMÈNE

Cruel ! à quel propos[2] sur ce point t'obstiner ?
Tu t'es vengé sans aide, et tu m'en veux donner !
Je suivrai ton exemple, et j'ai trop de courage
Pour souffrir qu'avec toi ma gloire se partage.
955 Mon père et mon honneur ne veulent rien devoir
Aux traits de ton amour ni de ton désespoir.

DON RODRIGUE

Rigoureux point d'honneur ! hélas ! quoi que je fasse,
Ne pourrai-je à la fin obtenir cette grâce ?
Au nom d'un père mort, ou de notre amitié[3],
960 Punis-moi par vengeance, ou du moins par pitié.

---

1. **Partie :** adversaire (juridique).
2. **À quel propos :** pour quelle raison.
3. **Amitié :** amour.

Ton malheureux amant aura bien moins de peine
À mourir par ta main qu'à vivre avec ta haine.

CHIMÈNE

Va, je ne te hais point.

DON RODRIGUE

Tu le dois.

CHIMÈNE

Je ne puis.

DON RODRIGUE

Crains-tu si peu le blâme, et si peu les faux bruits[1] ?
Quand on saura mon crime, et que ta flamme dure,   965
Que ne publieront point l'envie et l'imposture[2] !
Force-les au silence, et sans plus discourir,
Sauve ta renommée en me faisant mourir.

CHIMÈNE

Elle éclate bien mieux en te laissant la vie ;
Et je veux que la voix de la plus noire envie   970
Élève au ciel ma gloire et plaigne mes ennuis,
Sachant que je t'adore et que je te poursuis.
Va-t'en, ne montre plus à ma douleur extrême
Ce qu'il faut que je perde, encore que je l'aime.
Dans l'ombre de la nuit cache bien ton départ ;   975
Si l'on te voit sortir, mon honneur court hasard[3].
La seule occasion qu'aura la médisance,
C'est de savoir qu'ici j'ai souffert ta présence :
Ne lui donne point lieu d'attaquer ma vertu[4].

DON RODRIGUE

Que je meure !   980

---

1. **Faux bruits :** calomnies.
2. **Imposture :** mensonge.
3. **Court hasard :** court un risque.
4. **Vertu :** courage.

CHIMÈNE

Va-t'en.

DON RODRIGUE

À quoi te résous-tu ?

CHIMÈNE

Malgré des feux si beaux, qui troublent ma colère,
Je ferai mon possible à bien venger mon père ;
Mais malgré la rigueur d'un si cruel devoir,
Mon unique souhait est de ne rien pouvoir.

DON RODRIGUE

985 Ô miracle d'amour !

CHIMÈNE

Ô comble de misères !

DON RODRIGUE

Que de maux et de pleurs nous coûteront nos pères !

CHIMÈNE

Rodrigue, qui l'eût cru ?

DON RODRIGUE

Chimène, qui l'eût dit ?

CHIMÈNE

Que notre heur[1] fût si proche et sitôt se perdît ?

DON RODRIGUE

Et que si près du port, contre toute apparence,
990 Un orage si prompt brisât notre espérance ?

CHIMÈNE

Ah ! mortelles douleurs !

DON RODRIGUE

Ah ! regrets superflus !

CHIMÈNE

Va-t'en, encore un coup, je ne t'écoute plus.

---

1. **Heur :** bonheur.

DON RODRIGUE

Adieu : je vais traîner une mourante vie,
Tant que[1] par ta poursuite elle me soit ravie.

CHIMÈNE

Si j'en obtiens l'effet[2], je t'engage ma foi   995
De ne respirer pas un moment après toi.
Adieu : sors, et surtout garde bien qu'on te voie.

ELVIRE

Madame, quelques maux que le ciel nous envoie…

CHIMÈNE

Ne m'importune plus, laisse-moi soupirer,
Je cherche le silence et la nuit pour pleurer.   1000

---

1. **Tant que :** jusqu'à ce que.
2. **Effet :** réalisation.

Clefs d'analyse

Acte III, scène 4.

Compréhension

Les personnages

- Relever les parallélismes de construction et les termes qui se font écho dans les répliques de Rodrigue et de Chimène.
- Relever les pronoms personnels et adjectifs ainsi que les pronoms et adjectifs possessifs.

Un chant lyrique

- Relever les termes qui appartiennent au champ lexical de la peine et du regret.
- Relever les assonances dans les vers 985 à 990.

Réflexion

Une scène d'aveux

- Expliquer pourquoi cette scène est contraire aux règles de la bienséance.
- Expliquer par quels moyens Rodrigue obtient les aveux de Chimène.
- Analyser les sentiments et les valeurs mis en avant par les personnages.

Une action en suspens

- Expliquer pourquoi cette scène ne fait pas progresser l'action.
- Expliquer comment Chimène se décharge de la responsabilité de la mort future de Rodrigue.

À retenir :

Le choix de tel ou tel registre par l'auteur est le procédé d'écriture par lequel il exprime les émotions de ses personnages. L'usage du registre pathétique a pour but de susciter la pitié des spectateurs envers les personnages. Selon Aristote, la tragédie devait exciter la crainte et la pitié. Grâce à ces émotions que pouvait lui faire ressentir la vue d'une tragédie, le spectateur devait pouvoir effectuer une purgation (catharsis) de son âme.

Scène 5 Don Diègue.

La place publique.

DON DIÈGUE

Jamais nous ne goûtons de parfaite allégresse :
Nos plus heureux succès[1] sont mêlés de tristesse ;
Toujours quelques soucis en ces événements
Troublent la pureté de nos contentements.
Au milieu du bonheur mon âme en sent l'atteinte :   1005
Je nage dans la joie, et je tremble[2] de crainte.
J'ai vu mort l'ennemi qui m'avait outragé,
Et je ne saurais voir la main qui m'a vengé.
En vain je m'y travaille[3], et d'un soin inutile,
Tout cassé que je suis, je cours toute la ville :   1010
Ce peu que mes vieux ans m'ont laissé de vigueur
Se consume sans fruit à chercher ce vainqueur.
À toute heure, en tous lieux, dans une nuit si sombre,
Je pense l'embrasser, et n'embrasse qu'une ombre ;
Et mon amour, déçu[4] par cet objet trompeur,   1015
Se forme des soupçons[5] qui redoublent ma peur.
Je ne découvre point de marques de sa fuite ;
Je crains du Comte mort les amis et la suite[6] ;
Leur nombre m'épouvante, et confond[7] ma raison.
Rodrigue ne vit plus, ou respire en prison.   1020

---

1. **Heureux succès :** résultats favorables.
2. **Et je tremble :** et en même temps je tremble.
3. **Travaille :** emploie.
4. **Déçu :** trompé.
5. **Soupçons :** suppositions.
6. **La suite :** l'entourage.
7. **Confond :** trouble violemment.

Justes cieux ! me trompé-je encore à l'apparence[1],
Ou si je vois[2] enfin mon unique espérance ?
C'est lui, n'en doutons plus ; mes vœux sont exaucés,
Ma crainte est dissipée, et mes ennuis cessés[3].

Scène 6 DON DIÈGUE, DON RODRIGUE.

DON DIÈGUE

1025 Rodrigue, enfin le Ciel permet que je te voie !

DON RODRIGUE

Hélas !

DON DIÈGUE

Ne mêle point de soupirs à ma joie ;
Laisse-moi prendre haleine afin de te louer.
Ma valeur n'a point lieu de te désavouer :
Tu l'as bien imitée, et ton illustre audace
10300 Fait bien revivre en toi les héros de ma race ;
C'est d'eux que tu descends, c'est de moi que tu viens ;
Ton premier coup d'épée égale tous les miens ;
Et d'une belle ardeur ta jeunesse animée
Par cette grande épreuve atteint ma renommée.
1035 Appui de ma vieillesse, et comble de mon heur[4],
Touche ces cheveux blancs à qui tu rends l'honneur,
Viens baiser cette joue, et reconnais la place
Où fut empreint l'affront que ton courage efface.

À l'apparence : victime d'une illusion.
2. Ou si je vois : ou est-ce que je vois ?
3. Cessés : achevés.
4. Heur : bonheur.

DON RODRIGUE

L'honneur vous en est dû : je ne pouvais pas moins,
Étant sorti de vous et nourri par vos soins.   1040
Je m'en tiens trop heureux, et mon âme est ravie
Que mon coup d'essai plaise à qui je dois la vie ;
Mais parmi vos plaisirs ne soyez point jaloux
Si je m'ose à mon tour satisfaire[1] après vous.
Souffrez qu'en liberté mon désespoir éclate ;   1045
Assez et trop longtemps votre discours le flatte[2].
Je ne me repens point de vous avoir servi ;
Mais rendez-moi le bien que ce coup m'a ravi.
Mon bras, pour vous venger, armé contre ma flamme,
Par ce coup glorieux m'a privé de mon âme[3] ;   1050
Ne me dites plus rien ; pour vous j'ai tout perdu :
Ce que je vous devais, je vous l'ai bien rendu.

DON DIÈGUE

Porte, porte plus haut le fruit de ta victoire :
Je t'ai donné la vie, et tu me rends ma gloire ;
Et d'autant que l'honneur m'est plus cher que le jour,   1055
D'autant plus maintenant je te dois[4] de retour.
Mais d'un cœur magnanime éloigne ces faiblesses ;
Nous n'avons qu'un honneur, il est tant de maîtresses !
L'amour n'est qu'un plaisir, l'honneur est un devoir.

DON RODRIGUE

Ah ! que me dites-vous ?   1060

DON DIÈGUE

Ce que tu dois savoir.

---

1. **Si je m'ose [...] satisfaire :** si j'ose me satisfaire.
2. **Flatte :** trompe.
3. **Âme :** femme aimée (galant).
4. **Je te dois :** je te suis redevable.

Acte III - Scène 6

DON RODRIGUE

Mon honneur offensé sur moi-même se venge[1].
Et vous m'osez pousser à la honte du change[2] !
L'infamie est pareille, et suit également
Le guerrier sans courage et le perfide[3] amant.
1065 À ma fidélité ne faites point d'injure ;
Souffrez-moi généreux sans me rendre parjure :
Mes liens sont trop forts pour être ainsi rompus ;
Ma foi m'engage encor si je n'espère plus ;
Et ne pouvant quitter ni posséder Chimène,
1070 Le trépas que je cherche est ma plus douce peine.

DON DIÈGUE

Il n'est pas temps encor de chercher le trépas :
Ton prince et mon pays ont besoin de ton bras.
La flotte qu'on craignait, dans ce grand fleuve[4] entrée,
Croit surprendre la ville et piller la contrée.
1075 Les Mores vont descendre, et le flux et la nuit
Dans une heure à nos murs les amènent sans bruit.
La cour est en désordre, et le peuple en alarmes :
On n'entend que des cris, on ne voit que des larmes.
Dans ce malheur public mon bonheur a permis
1080 Que j'ai trouvé chez moi cinq cents de mes amis,
Qui sachant mon affront, poussés d'un même zèle,
Se venaient tous offrir à venger ma querelle[5].
Tu les as prévenus[6], mais leurs vaillantes mains
Se tremperont bien mieux au sang des Africains.
1085 Va marcher à leur tête où l'honneur te demande :
C'est toi que veut pour chef leur généreuse bande.

---

1. **Mon honneur offensé sur moi-même se venge :** je suis victime de ma vengeance.
2. **Change :** inconstance (en amour).
3. **Perfide :** qui manque à la foi jurée.
4. **Ce grand fleuve :** le Guadalquivir.
5. **Querelle :** cause.
6. **Prévenus :** devancés.

De ces vieux ennemis va soutenir l'abord[1] :
Là, si tu veux mourir, trouve une belle mort ;
Prends-en l'occasion, puisqu'elle t'est offerte ;
Fais devoir à ton roi son salut à ta perte[2] ;   1090
Mais reviens-en plutôt les palmes sur le front.
Ne borne pas ta gloire à venger un affront ;
Porte-la plus avant : force par ta vaillance
Ce monarque au pardon, et Chimène au silence ;
Si tu l'aimes, apprends que revenir vainqueur,   1095
C'est l'unique moyen de regagner son cœur.
Mais le temps est trop cher pour le perdre en paroles ;
Je t'arrête en discours[3], et je veux que tu voles.
Viens, suis-moi, va combattre et montrer à ton roi
Que ce qu'il perd au Comte[4] il le recouvre[5] en toi.   1100

---

1. **Abord** : attaque.
2. **Fais devoir à ton roi son salut à ta perte** : fais en sorte que ton roi doive son salut à ta perte.
3. **Je t'arrête en discours** : je te retarde avec mes discours.
4. **Au comte** : avec le comte.
5. **Recouvre** : retrouve.

Rachel dans le rôle de Chimène.
Gravure.

Synthèse

Le sommet dramatique de la pièce

Personnages

> Un couple d'amants épris de leur gloire

L'acte III est presque entièrement consacré aux personnages de Chimène et Rodrigue. Tous deux sont une incarnation de l'idéal à travers lequel se définit le héros cornélien : la gloire. Celle-ci correspond à l'image positive que le héros se fait de lui-même. Rodrigue et Chimène ont de ce point de vue, au premier abord, des préoccupations opposées. La vengeance de Chimène ne doit pouvoir s'accomplir qu'avec la mort de Rodrigue. À ce moment, la situation semble inextricable et douloureuse, puisque c'est aussi le moment où chacun révèle à l'autre son amour.

Cet acte central est le sommet dramatique de la pièce. L'action semble presque suspendue : seuls les déchirements des deux amants, qui s'avouent enfin leur amour, occupent le champ. Pourtant, à la dernière scène, l'annonce de l'attaque des Maures marque la reconquête par Rodrigue, non seulement du royaume, mais aussi de Chimène.

Langage

> L'élégie

L'élégie est à l'origine une forme de poésie lyrique, de ton mélancolique, sur un sujet tendre et triste. Les auteurs d'élégies les plus connus sont les élégiaques latins du Ier siècle : Properce, Tibulle, Ovide. Les élégies de ces poètes étaient des pièces de poésie à la structure strictement définie. Quand on parle d'élégie ou d'élégiaque pour évoquer le style des dialogues tenus dans cet acte entre Rodrigue et Chimène, cela signifie que Corneille use du vocabulaire de l'affectivité, des sentiments et que les personnages utilisent presque exclusivement la première personne.

Du point de vue de la prosodie, parler d'élégie à propos des passages qui mettent en scène Rodrigue et Chimène suppose aussi une écriture très élaborée. Il faut donc être particulièrement sensible à la construction de ce passage, à son rythme, aux allitérations et aux assonances.

Société

Le mariage noble

Dans la société noble du XVIIe siècle, les mariages ne sont pas des mariages d'amour, mais des mariages arrangés. Ce sont les pères qui choisissent les conjoints de leurs enfants, en particulier lorsqu'il s'agit de filles. Si le consentement des époux est mis en avant par l'Église comme un élément fondateur du mariage à cette époque, le pouvoir royal a cherché à renforcer l'influence des pères sur leurs enfants. La législation sur le rapt, c'est-à-dire sur le mariage auquel n'ont pas consenti les parents de la fille (ou même du garçon, dans le cas de la séduction), devient notamment de plus en plus sévère à partir de l'époque d'Henri II. De nombreuses tragi-comédies ou comédies de l'époque reposent sur les amours contrariées de jeunes gens que les pères essaient de séparer en leur refusant leur consentement ou en les destinant à d'autres unions. Aux yeux des spectateurs du XVIIe siècle, l'intrusion de Rodrigue, de nuit qui plus est, dans la maison de Chimène, ne peut être excusée par leur amour. Elle va clairement à l'encontre de la règle de la bienséance.

ACTE IV

Scène 1 CHIMÈNE, ELVIRE.

CHIMÈNE
N'est-ce point un faux bruit ? le sais-tu bien, Elvire ?

ELVIRE
Vous ne croiriez jamais comme chacun l'admire,
Et porte jusqu'au ciel, d'une commune voix,
De ce jeune héros les glorieux exploits.
Les Mores devant lui n'ont paru qu'à leur honte ;   1105
Leur abord fut bien prompt, leur fuite encor plus prompte.
Trois heures de combat laissent à nos guerriers
Une victoire entière et deux rois prisonniers.
La valeur de leur chef ne trouvait point d'obstacles.

CHIMÈNE
Et la main de Rodrigue a fait tous ces miracles ?   1110

ELVIRE
De ses nobles efforts ces deux rois sont le prix :
Sa main les a vaincus, et sa main les a pris.

CHIMÈNE
De qui peux-tu savoir ces nouvelles étranges[1] ?

ELVIRE
Du peuple, qui partout fait sonner ses louanges,
Le nomme de sa joie et l'objet et l'auteur,   1115
Son ange tutélaire[2], et son libérateur.

CHIMÈNE
Et le Roi, de quel œil voit-il tant de vaillance ?

ELVIRE
Rodrigue n'ose encor paraître en sa présence ;

---

1. **Étranges :** extraordinaires.
2. **Tutélaire :** protecteur.

Mais don Diègue ravi lui présente enchaînés,
1120 Au nom de ce vainqueur, ces captifs couronnés,
Et demande pour grâce à ce généreux prince
Qu'il daigne voir la main qui sauve la province.

CHIMÈNE

Mais n'est-il point blessé ?

ELVIRE

Je n'en ai rien appris.
Vous changez de couleur ! reprenez vos esprits.

CHIMÈNE

1125 Reprenons donc aussi ma colère affaiblie :
Pour avoir soin de lui faut-il que je m'oublie ?
On le vante, on le loue, et mon cœur y consent !
Mon honneur est muet, mon devoir impuissant !
Silence, mon amour, laisse agir ma colère :
1130 S'il a vaincu deux rois, il a tué mon père ;
Ces tristes vêtements, où je lis mon malheur,
Sont les premiers effets qu'ait produits sa valeur ;
Et quoi qu'on die[1] ailleurs d'un cœur si magnanime,
Ici tous les objets me parlent de son crime.
1135 Vous qui rendez la force à mes ressentiments,
Voiles, crêpes[2], habits, lugubres ornements,
Pompe[3] que me prescrit sa première victoire,
Contre ma passion soutenez bien ma gloire[4] ;
Et lorsque mon amour prendra trop de pouvoir,
1140 Parlez à mon esprit de mon triste devoir,
Attaquez sans rien craindre une main triomphante.

ELVIRE

Modérez ces transports, voici venir l'Infante.

---

1. **Die :** dise (forme ancienne du subjonctif).
2. **Crêpes :** tissus légers noirs portés en signe de deuil.
3. **Pompe :** ensemble des ornements (funèbres ici).
4. **Gloire :** sens du devoir.

Scène 2 L'INFANTE, CHIMÈNE, LÉONOR, ELVIRE.

L'INFANTE

Je ne viens pas ici consoler tes douleurs ;
Je viens plutôt mêler mes soupirs à tes pleurs.

CHIMÈNE

Prenez bien plutôt part à la commune joie,   1145
Et goûtez le bonheur que le ciel vous envoie,
Madame : autre que moi[1] n'a droit de soupirer.
Le péril dont Rodrigue a su nous retirer,
Et le salut public que vous rendent ses armes,
À moi seule aujourd'hui souffrent[2] encor les larmes :   1150
Il a sauvé la ville, il a servi son roi ;
Et son bras valeureux n'est funeste qu'à moi.

L'INFANTE

Ma Chimène, il est vrai qu'il a fait des merveilles.

CHIMÈNE

Déjà ce bruit fâcheux a frappé mes oreilles ;
Et je l'entends partout publier hautement   1155
Aussi brave guerrier que malheureux amant.

L'INFANTE

Qu'a de fâcheux pour toi ce discours populaire[3] ?
Ce jeune Mars[4] qu'il loue a su jadis te plaire :
Il possédait ton âme, il vivait sous tes lois ;
Et vanter sa valeur, c'est honorer ton choix.   1160

---

1. **Autre que moi :** nul autre que moi.
2. **Souffrent :** tolèrent.
3. **Populaire :** qui vient du peuple.
4. **Mars :** dieu de la Guerre.

CHIMÈNE

Chacun peut la vanter avec quelque justice ;
Mais pour moi sa louange[1] est un nouveau supplice.
On aigrit[2] ma douleur en l'élevant[3] si haut :
Je vois ce que je perds quand je vois ce qu'il vaut.
1165 Ah ! cruels déplaisirs à l'esprit d'une amante !
Plus j'apprends son mérite, et plus mon feu s'augmente :
Cependant mon devoir est toujours le plus fort,
Et, malgré mon amour, va poursuivre sa mort.

L'INFANTE

Hier ce devoir te mit en une haute estime ;
1170 L'effort[4] que tu te fis parut si magnanime,
Si digne d'un grand cœur[5], que chacun à la cour
Admirait ton courage et plaignait ton amour.
Mais croirais-tu l'avis d'une amitié fidèle ?

CHIMÈNE

Ne vous obéir pas me rendrait criminelle.

L'INFANTE

1175 Ce qui fut juste alors ne l'est plus aujourd'hui.
Rodrigue maintenant est notre unique appui,
L'espérance et l'amour d'un peuple qui l'adore,
Le soutien de Castille, et la terreur du More.
Le Roi même est d'accord de cette vérité,
1180 Que ton père en lui seul se voit ressuscité ;
Et si tu veux enfin qu'en deux mots je m'explique,
Tu poursuis en sa mort la ruine publique.
Quoi ! pour venger un père est-il jamais permis
De livrer sa patrie aux mains des ennemis ?
1185 Contre nous ta poursuite est-elle légitime,

---

1. **Sa louange :** la louange qu'on en fait.
2. **Aigrit :** exacerbe.
3. **L'élevant :** élevant Rodrigue.
4. **L'effort :** la violence.
5. **Cœur :** courage.

Et pour être punis avons-nous part au crime ?
Ce n'est pas qu'après tout tu doives épouser
Celui qu'un père mort t'obligeait d'accuser :
Je te voudrais moi-même en arracher l'envie ;
Ôte-lui ton amour, mais laisse-nous sa vie.　　　　1190

CHIMÈNE

Ah ! ce n'est pas à moi d'avoir tant de bonté ;
Le devoir qui m'aigrit n'a rien de limité.
Quoique pour ce vainqueur mon amour s'intéresse[1],
Quoiqu'un peuple l'adore et qu'un roi le caresse[2],
Qu'il soit environné des plus vaillants guerriers,　　　　1195
J'irai sous mes cyprès[3] accabler ses lauriers.

L'INFANTE

C'est générosité quand pour venger un père
Notre devoir attaque une tête si chère ;
Mais c'en est une encor d'un plus illustre rang,
Quand on donne au public[4] les intérêts du sang[5].　　　　1200
Non, crois-moi, c'est assez que d'éteindre ta flamme ;
Il sera trop puni s'il n'est plus dans ton âme.
Que le bien du pays t'impose cette loi :
Aussi bien, que crois-tu que t'accorde le Roi ?

CHIMÈNE

Il peut me refuser[6], mais je ne puis me taire.　　　　1205

L'INFANTE

Pense bien, ma Chimène, à ce que tu veux faire.
Adieu : tu pourras seule y penser à loisir.

CHIMÈNE

Après mon père mort[7], je n'ai point à choisir.

---

1. **S'intéresse :** s'émeuve.
2. **Caresse :** flatte.
3. **Cyprès :** arbres des cimetières.
4. **Donne au public :** sacrifie à l'intérêt public.
5. **Sang :** lignée.
6. **Me refuser :** m'opposer un refus.
7. **Après mon père mort :** après la mort de mon père.

Scène 3 Don Fernand, Don Diègue,
Don Arias, Don Rodrigue,
Don Sanche.

Chez le Roi.

DON FERNAND

Généreux[1] héritier d'une illustre famille,

1210 Qui fut toujours la gloire et l'appui de Castille,

Race[2] de tant d'aïeux en valeur signalés[3],

Que l'essai de la tienne a sitôt[4] égalés,

Pour te récompenser ma force est trop petite ;

Et j'ai moins de pouvoir que tu n'as de mérite.

1215 Le pays délivré d'un si rude ennemi,

Mon sceptre dans ma main par la tienne affermi,

Et les Mores défaits avant qu'en ces alarmes

J'eusse pu donner ordre à repousser leurs armes,

Ne sont point des exploits qui laissent à ton roi

1220 Le moyen ni l'espoir de s'acquitter vers toi.

Mais deux rois tes captifs feront ta récompense.

Ils t'ont nommé tous deux leur Cid en ma présence :

Puisque Cid en leur langue est autant que seigneur,

Je ne t'envierai[5] pas ce beau titre d'honneur[6].

1225 Sois désormais le Cid : qu'à ce grand nom tout cède ;

Qu'il comble d'épouvante et Grenade et Tolède[7],

---

1. **Généreux :** animé de sentiments élevés.
2. **Race :** descendant.
3. **En valeur signalés :** signalés par leur valeur.
4. **Sitôt :** aussitôt.
5. **Envierai :** refuserai.
6. **Honneur :** gloire.
7. **Grenade et Tolède :** villes encore sous le contrôle des Maures.

Et qu'il marque à tous ceux qui vivent sous mes lois
Et ce que tu me vaux[1], et ce que je te dois.

DON RODRIGUE

Que Votre Majesté, Sire, épargne ma honte[2].
D'un si faible service elle fait trop de conte[3],   1230
Et me force à rougir devant un si grand roi
De mériter si peu l'honneur que j'en reçoi.
Je sais trop que je dois au bien de votre empire[4],
Et le sang qui m'anime, et l'air que je respire ;
Et quand je les perdrai pour un si digne objet,   1235
Je ferai seulement le devoir d'un sujet.

DON FERNAND

Tous ceux que ce devoir à mon service engage
Ne s'en acquittent pas avec même courage ;
Et lorsque la valeur ne va point dans l'excès,
Elle ne produit point de si rares succès.   1240
Souffre donc qu'on te loue, et de cette victoire
Apprends-moi plus au long[5] la véritable histoire.

DON RODRIGUE

Sire, vous avez su qu'en ce danger pressant,
Qui jeta dans la ville un effroi si puissant,
Une troupe d'amis chez mon père assemblée   1245
Sollicita[6] mon âme encor toute troublée…
Mais, Sire, pardonnez à ma témérité,
Si j'osai l'employer sans votre autorité :
Le péril approchait ; leur brigade était prête ;
Me montrant à la cour, je hasardais[7] ma tête ;   1250

---

1. **Ce que tu me vaux :** ce que tu vaux pour moi.
2. **Honte :** modestie.
3. **Conte :** compte.
4. **Au bien de votre empire :** au service de votre royaume.
5. **Plus au long :** plus longuement.
6. **Sollicita :** poussa à agir.
7. **Hasardais :** risquais.

Et s'il fallait la perdre, il m'était bien plus doux
De sortir de la vie en combattant pour vous.

DON FERNAND

J'excuse ta chaleur à venger ton offense ;
Et l'État défendu me parle en ta défense :
1255 Crois que dorénavant Chimène a beau parler,
Je ne l'écoute plus que pour la consoler.
Mais poursuis.

DON RODRIGUE

Sous moi donc cette troupe s'avance,
Et porte sur le front une mâle assurance.
Nous partîmes cinq cents ; mais par un prompt renfort,
1260 Nous nous vîmes trois mille en arrivant au port,
Tant, à nous voir marcher avec un tel visage,
Les plus épouvantés reprenaient de courage !
J'en cache les deux tiers, aussitôt qu'arrivés,
Dans le fond des vaisseaux qui lors furent trouvés ;
1265 Le reste, dont le nombre augmentait à toute heure,
Brûlant d'impatience, autour de moi demeure,
Se couche contre terre et, sans faire aucun bruit,
Passe une bonne part d'une si belle nuit.
Par mon commandement la garde en fait de même,
1270 Et se tenant cachée, aide à mon stratagème ;
Et je feins hardiment d'avoir reçu de vous
L'ordre qu'on me voit suivre et que je donne à tous.
Cette obscure clarté qui tombe des étoiles
Enfin avec le flux nous fait voir trente voiles ;
1275 L'onde s'enfle dessous, et d'un commun effort
Les Mores et la mer montent jusques au port.
On les laisse passer ; tout leur paraît tranquille :
Point de soldats au port, point aux murs de la ville.
Notre profond silence abusant[1] leurs esprits,
1280 Ils n'osent plus douter de nous avoir surpris ;

---

1. **Abusant :** trompant.

Ils abordent sans peur, ils ancrent, ils descendent,
Et courent se livrer aux mains qui les attendent.
Nous nous levons alors, et tous en même temps
Poussons jusques au ciel mille cris éclatants.
Les nôtres, à ces cris, de nos vaisseaux répondent ;   1285
Ils paraissent[1] armés, les Mores se confondent[2],
L'épouvante les prend à demi descendus ;
Avant que de combattre, ils s'estiment perdus.
Ils couraient au pillage, et rencontrent la guerre ;
Nous les pressons sur l'eau, nous les pressons sur terre,   1290
Et nous faisons courir des ruisseaux de leur sang,
Avant qu'aucun résiste ou reprenne son rang.
Mais bientôt, malgré nous, leurs princes les rallient[3] ;
Leur courage renaît, et leurs terreurs s'oublient :
La honte de mourir sans avoir combattu   1295
Arrête leur désordre, et leur rend leur vertu.
Contre nous de pied ferme ils tirent leurs alfanges[4] ;
De notre sang au leur font d'horribles mélanges.
Et la terre, et le fleuve, et leur flotte, et le port,
Sont des champs de carnage, où triomphe la mort.   1300
Ô combien d'actions, combien d'exploits célèbres[5]
Sont demeurés sans gloire au milieu des ténèbres,
Où chacun, seul témoin des grands coups qu'il donnait,
Ne pouvait discerner où le sort inclinait[6] !
J'allais de tous côtés encourager les nôtres,   1305
Faire avancer les uns, et soutenir les autres,
Ranger ceux qui venaient, les pousser à leur tour,
Et ne l'ai pu savoir jusques au point du jour.
Mais enfin sa clarté montre notre avantage :

---

1. **Paraissent :** se montrent.
2. **Se confondent :** s'affolent en pleine confusion.
3. **Rallient :** rassemblent.
4. **Alfanges :** sabres à large lame recourbée.
5. **Célèbres :** qui auraient mérité d'être célèbres.
6. **N'ai pu discerner :** n'ai pu voir où le sort inclinait.

1310 Le More voit sa perte et perd soudain courage ;
Et voyant un renfort qui nous vient secourir,
L'ardeur de vaincre cède à la peur de mourir.
Ils gagnent leurs vaisseaux, ils en coupent les câbles,
Poussent jusques aux cieux des cris épouvantables,
1315 Font retraite en tumulte, et sans considérer[1]
Si leurs rois avec eux peuvent se retirer.
Pour souffrir ce devoir leur frayeur est trop forte ;
Le flux les apporta ; le reflux les remporte,
Cependant que leurs rois, engagés parmi nous[2],
1320 Et quelque peu des leurs, tous percés de nos coups,
Disputent vaillamment et vendent bien leur vie.
À se rendre moi-même en vain je les convie :
Le cimeterre[3] au poing, ils ne m'écoutent pas ;
Mais voyant à leurs pieds tomber tous leurs soldats,
1325 Et que seuls désormais en vain ils se défendent,
Ils demandent le chef : je me nomme, ils se rendent.
Je vous les envoyai tous deux en même temps ;
Et le combat cessa faute de combattants.
C'est de cette façon que, pour votre service…

---

1. **Considérer :** regarder.
2. **Engagés parmi nous :** engagés dans le combat avec nous.
3. **Cimeterre :** alfange ou sabre.

Clefs d'analyse

Acte IV, scène 3.

Compréhension

Le dialogue

- Relever les termes qui relèvent du protocole dans les paroles que Rodrigue adresse au roi.
- Relever les termes qui traduisent la modestie de Rodrigue.

Le récit

- Relever les termes qui expriment la louange dans la partie du discours de Rodrigue consacrée à ses soldats.
- Observer à quels temps les verbes sont conjugués dans le récit de la bataille.
- Relever les tropes qui se rapportent aux éléments du décor de la bataille.

Réflexion

Le héros

- Expliquer comment, tout en mettant ses hommes en avant, Rodrigue apparaît comme le seul vainqueur de la bataille.
- Analyser le rôle des éléments de la nature dans l'idéalisation de Rodrigue, élevé au rang de héros.

À retenir :

Une tirade constitue souvent un morceau de bravoure, propice à montrer l'étendue du talent des acteurs. Les tirades peuvent apparaître dans le discours : elles renseignent alors le spectateur sur les pensées des personnages, comme les stances. Dans le système du récit, elles ont souvent une autre fonction : elles servent à rapporter des scènes qui ne peuvent être représentées, car elles contreviendraient à la bienséance (bataille, meurtre).

Scène 4
DON FERNAND, DON DIÈGUE,
DON RODRIGUE, DON ARIAS,
DON ALONSE, DON SANCHE.

DON ALONSE

1330 Sire, Chimène vient vous demander justice.

DON FERNAND

La fâcheuse nouvelle, et l'importun devoir !
Va, je ne la veux pas obliger à te voir.
Pour tous remerciements, il faut que je te chasse ;
Mais avant que sortir, viens, que ton roi t'embrasse.
(Don Rodrigue rentre.)

DON DIÈGUE

1335 Chimène le poursuit, et voudrait le sauver.

DON FERNAND

On m'a dit qu'elle l'aime, et je vais l'éprouver.
Montrez un œil plus triste.

Scène 5 Don Fernand, Don Diègue,
Don Arias, Don Sanche,
Don Alonse, Chimène, Elvire.

Don Fernand

Enfin, soyez contente,
Chimène, le succès[1] répond à votre attente :
Si de nos ennemis Rodrigue a le dessus,
Il est mort à nos yeux des coups qu'il a reçus ;   1340
Rendez grâces au ciel qui vous en a vengée.
(À don Diègue.)
Voyez comme déjà sa couleur est changée.

Don Diègue

Mais voyez qu'elle pâme[2], et d'un amour parfait,
Dans cette pâmoison, Sire, admirez l'effet.
Sa douleur a trahi les secrets de son âme,   1345
Et ne vous permet plus de douter de sa flamme.

Chimène

Quoi ! Rodrigue est donc mort ?

Don Fernand

Non, non, il voit le jour[3],
Et te conserve encore un immuable amour :
Calme cette douleur qui pour lui s'intéresse[4].

---

1. **Succès :** issue.
2. **Pâme :** s'évanouit.
3. **Il voit le jour :** il est vivant.
4. **S'intéresse :** s'émeut.

CHIMÈNE

1350 Sire, on pâme de joie, ainsi que de tristesse :
Un excès de plaisir nous rend tous languissants[1] ;
Et quand il surprend l'âme, il accable les sens.

DON FERNAND

Tu veux qu'en ta faveur nous croyions l'impossible ?
Chimène, ta douleur a paru trop visible.

CHIMÈNE

1355 Eh bien ! Sire, ajoutez ce comble à mon malheur,
Nommez ma pâmoison l'effet de ma douleur :
Un juste déplaisir[2] à ce point m'a réduite.
Son trépas dérobait sa tête à ma poursuite ;
S'il meurt des coups reçus pour le bien du pays,
1360 Ma vengeance est perdue et mes desseins trahis :
Une si belle fin m'est trop injurieuse[3].
Je demande sa mort, mais non pas glorieuse,
Non pas dans un éclat qui l'élève si haut,
Non pas au lit d'honneur[4], mais sur un échafaud ;
1365 Qu'il meure pour mon père, et non pour la patrie ;
Que son nom soit taché, sa mémoire flétrie.
Mourir pour le pays n'est pas un triste sort ;
C'est s'immortaliser par une belle mort.
J'aime donc sa victoire, et je le puis sans crime ;
1370 Elle assure[5] l'État et me rend ma victime,
Mais noble, mais fameuse entre tous les guerriers,
Le chef[6], au lieu de fleurs[7], couronné de lauriers ;
Et pour dire en un mot ce que j'en considère,

---

1. **Tous languissants :** sans force.
2. **Déplaisir :** désespoir.
3. **M'est trop injurieuse :** me cause trop de torts.
4. **Lit d'honneur :** champ d'honneur.
5. **Assure :** renforce, met en sûreté.
6. **Chef :** tête.
7. **Fleurs :** dans l'Antiquité, la tête de la future victime immolée en sacrifice est couverte de fleurs.

Digne d'être immolée aux mânes[1] de mon père…
Hélas ! à quel espoir me laissé-je emporter !   1375
Rodrigue de ma part n'a rien à redouter :
Que pourraient contre lui des larmes qu'on méprise ?
Pour lui tout votre empire est un lieu de franchise[2].
Là, sous votre pouvoir, tout lui devient permis ;
Il triomphe de moi comme des ennemis.   1380
Dans leur sang répandu la justice étouffée
Aux crimes du vainqueur sert d'un nouveau trophée[3] :
Nous en croissons[4] la pompe[5], et le mépris des lois
Nous fait suivre son char au milieu de deux rois.

DON FERNAND

Ma fille, ces transports ont trop de violence.   1385
Quand on rend la justice on met tout en balance.
On a tué ton père, il était l'agresseur ;
Et la même équité[6] m'ordonne la douceur,
Avant que d'accuser ce que j'en[7] fais paraître,
Consulte bien ton cœur[8] : Rodrigue en est le maître,   1390
Et ta flamme en secret rend grâces à ton roi,
Dont la faveur conserve un tel amant pour toi.

CHIMÈNE

Pour moi ! mon ennemi ! l'objet de ma colère !
L'auteur de mes malheurs ! l'assassin de mon père !
De ma juste poursuite on fait si peu de cas   1395
Qu'on me croit obliger[9] en ne m'écoutant pas !
Puisque vous refusez la justice à mes larmes,

---

1. **Mânes** : âme.
2. **Franchise** : refuge.
3. **Trophée** : titre de gloire.
4. **Croissons** : accroissons.
5. **Pompe** : triomphe.
6. **La même équité** : l'équité même.
7. **En** : la douceur.
8. **Cœur** : courage et amour.
9. **On me croit obliger** : on croit me faire plaisir.

Sire, permettez-moi de recourir aux armes ;
C'est par là seulement qu'il a su m'outrager,
1400 Et c'est aussi par là que je me dois venger.
À tous vos cavaliers je demande sa tête :
Oui, qu'un d'eux me l'apporte, et je suis sa conquête ;
Qu'ils le combattent, Sire ; et le combat fini,
J'épouse le vainqueur, si Rodrigue est puni.
1405 Sous votre autorité souffrez qu'on le publie.

DON FERNAND

Cette vieille coutume en ces lieux établie,
Sous couleur de[1] punir un injuste attentat,
Des meilleurs combattants affaiblit un État ;
Souvent de cet abus le succès déplorable
1410 Opprime l'innocent, et soutient le coupable.
J'en dispense Rodrigue : il m'est trop précieux
Pour l'exposer aux coups d'un sort capricieux ;
Et quoi qu'ait pu commettre un cœur si magnanime,
Les Mores en fuyant ont emporté son crime.

DON DIÈGUE

1415 Quoi ! Sire, pour lui seul vous renversez des lois
Qu'a vu toute la cour observer tant de fois !
Que croira votre peuple et que dira l'envie[2],
Si sous votre défense il ménage sa vie,
Et s'en fait un prétexte à ne paraître pas
1420 Où tous les gens d'honneur cherchent un beau trépas ?
De pareilles faveurs terniraient trop sa gloire :
Qu'il goûte sans rougir les fruits de sa victoire.
Le Comte eut de l'audace ; il l'en a su punir :
Il l'a fait en brave homme[3], et le doit maintenir[4].

---

1. **Sous couleur de :** sous prétexte de.
2. **L'envie :** les envieux et les jaloux.
3. **Brave homme :** homme courageux.
4. **Maintenir :** rester.

DON FERNAND

Puisque vous le voulez, j'accorde qu'il le fasse ;　　　1425
Mais d'un guerrier vaincu mille prendraient la place,
Et le prix que Chimène au vainqueur a promis
De tous mes cavaliers ferait ses ennemis.
L'opposer seul à tous serait trop d'injustice :
Il suffit qu'une fois il entre dans la lice[1].　　　1430
Choisis qui tu voudras, Chimène, et choisis bien ;
Mais après ce combat ne demande plus rien.

DON DIÈGUE

N'excusez point par là ceux que son bras étonne[2] :
Laissez un champ ouvert où n'entrera personne.
Après ce que Rodrigue a fait voir aujourd'hui,　　　1435
Quel courage assez vain s'oserait prendre à lui ?
Qui se hasarderait contre un tel adversaire ?
Qui serait ce vaillant, ou bien ce téméraire ?

DON SANCHE

Faites ouvrir le champ : vous voyez l'assaillant ;
Je suis ce téméraire, ou plutôt ce vaillant.　　　1440
Accordez cette grâce à l'ardeur qui me presse,
Madame : vous savez quelle est votre promesse.

DON FERNAND

Chimène, remets-tu ta querelle[3] en sa main ?

CHIMÈNE

Sire, je l'ai promis.

DON FERNAND

Soyez prêt à demain[4].

---

1. **Lice :** champ clos des combats.
2. **Étonne :** frappe d'effroi.
3. **Querelle :** cause.
4. **À demain :** pour demain.

DON DIÈGUE

1445 Non, Sire, il ne faut pas différer davantage :
On est toujours trop prêt[1] quand on a du courage.

DON FERNAND

Sortir d'une bataille, et combattre à l'instant !

DON DIÈGUE

Rodrigue a pris haleine[2] en vous la racontant.

DON FERNAND

Du moins une heure ou deux je veux qu'il se délasse.
1450 Mais de peur qu'en exemple un tel combat ne passe[3],
Pour témoigner à tous qu'à regret je permets
Un sanglant procédé qui ne me plut jamais,
De moi ni de ma cour il n'aura la présence.
(Il parle à don Arias.)
Vous seul des combattants jugerez la vaillance :
1455 Ayez soin que tous deux fassent en gens de cœur,
Et, le combat fini, m'amenez le vainqueur.
Qui qu'il soit, même prix est acquis à sa peine :
Je le veux de ma main présenter à Chimène,
Et que pour récompense il reçoive sa foi[4].

CHIMÈNE

1460 Quoi ! Sire, m'imposer une si dure loi !

DON FERNAND

Tu t'en plains ; mais ton feu, loin d'avouer[5] ta plainte,
Si Rodrigue est vainqueur, l'accepte sans contrainte.
Cesse de murmurer contre un arrêt si doux :
Qui que ce soit des deux, j'en ferai ton époux.

---

1. **Trop prêt :** absolument prêt.
2. **Pris haleine :** repris son souffle.
3. **En exemple un tel combat ne passe :** qu'un tel combat ne serve d'exemple.
4. **Foi :** promesse de mariage.
5. **Avouer :** reconnaître.

Synthèse

L'héroïsme du Cid

Personnages

> Le Cid, un héros

L'acte IV est entièrement centré sur les succès et la vaillance de Rodrigue. Toutes les scènes, qu'il soit ou non présent, sont des chants à sa gloire, à l'exception de la scène 4. Rodrigue a vaincu les Maures à la tête de l'armée du roi. Il est devenu héros par un coup de force : il a pris la tête de l'armée en expliquant que le roi lui en avait confié le commandement, ce qui est faux. Cependant, il a accompli son exploit au nom du roi et ne cherche pas à confisquer une part de son pouvoir à celui-ci grâce à sa victoire. De ce point de vue, il est tout à l'opposé du comte, qui supposait que le roi avait des devoirs à son égard et contestait ses décisions.

Rodrigue s'est enfin accompli et a donné la pleine mesure de toutes les qualités que son premier coup d'éclat laissait deviner. Tout en restant lui-même, il devient un autre. D'ailleurs, il change de nom. Ce nom est un exposé de la gloire de Rodrigue : le Cid (*Sidi*, en arabe), c'est le seigneur.

Ce coup d'éclat permet de débloquer la situation qui avait semblé inextricable pendant la majeure partie de l'acte précédent. Alors que Rodrigue semblait voué à la mort, il est désormais promis aux plus hautes fonctions grâce au service éminent rendu à son souverain.

Certes, il n'a pas réussi à « faire taire Chimène », comme l'avait souhaité son père, mais cette dernière voit ses espoirs de vengeance gravement remis en question. Son argument principal contre Rodrigue consistait à dire que nul ne pourrait plus servir bien le roi s'il ne vengeait pas le comte. Comme Rodrigue lui a rendu un service bien supérieur à tous ceux prodigués par l'ensemble de ses sujets réunis, le roi ne peut plus guère être convaincu de la sorte. Il subirait un grave dommage en se privant d'un aussi bon capitaine.

Langage

Le registre épique

Corneille ne se contente pas de décrire son *Cid* en des termes héroïques. Il insère, avec le récit de la bataille de Rodrigue contre les Maures, un réel extrait de poésie épique. La solennité du chant épique est forte : celui qui est chanté ici est non seulement un personnage hors du commun, mais le héros de tout un peuple. La figure du héros qui raconte devant un roi une errance et des combats purgatoires est l'un des moments-clés de nombreuses épopées. Ainsi, Ulysse raconte dans *L'Odyssée*, son long voyage devant la cour du roi qui l'accueille après son périple. Les éléments participent au combat (on peut noter le zeugma : « Les Mores et la mer montent jusques au port » ou le chiasme : « Et la terre, et le fleuve, et leur flotte, et le port » avec l'anaphore du « et » qui rythme le vers, comme une incantation ; ou encore les oxymores : « Cette obscure clarté »).

Société

L'Espagne et la gloire par les armes

L'Espagne inspire aux Français du deuxième quart du XVIIe siècle des sentiments ambivalents. Elle sort de son « âge d'or », le XVIe siècle, auréolée de son opulence et de la richesse de ses arts. Cependant, juste avant la rédaction du *Cid*, en 1635, la guerre a éclaté entre la France et l'Espagne. Les Espagnols se sont avancés jusqu'à Corbie, située à moins de 100 kilomètres de Paris, ce qui a déclenché une véritable panique. Face à cette invasion, Richelieu a tenu bon et les troupes françaises ont réussi à repousser les Espagnols. Rodrigue incarne ainsi l'image du ministre sauvant le pays. Par la suite, les images de généraux glorieux qui vont repousser l'ennemi prennent une importance cruciale. Le prince de Condé, vainqueur des Espagnols à Rocroi en 1643, en conserva une gloire durable.

ACTE V

Scène 1 DON RODRIGUE, CHIMÈNE.

Chez Chimène.

CHIMÈNE

Quoi ! Rodrigue, en plein jour ! d'où te vient cette audace ?   1465
Va, tu me perds d'honneur[1] ; retire-toi, de grâce.

DON RODRIGUE

Je vais mourir, Madame, et vous viens en ce lieu,
Avant le coup mortel, dire un dernier adieu :
Cet immuable amour qui sous vos lois m'engage
N'ose accepter ma mort sans vous en faire hommage.   1470

CHIMÈNE

Tu vas mourir !

DON RODRIGUE

            Je cours à ces heureux moments
Qui vont livrer ma vie à vos ressentiments.

CHIMÈNE

Tu vas mourir ! Don Sanche est-il si redoutable
Qu'il donne l'épouvante à ce cœur indomptable ?
Qui t'a rendu si faible, ou qui le rend si fort ?   1475
Rodrigue va combattre, et se croit déjà mort !
Celui qui n'a pas craint les Mores, ni mon père,
Va combattre don Sanche, et déjà désespère !
Ainsi donc au besoin[2] ton courage s'abat !

DON RODRIGUE

Je cours à mon supplice, et non pas au combat ;   1480
Et ma fidèle ardeur sait bien m'ôter l'envie,

---

1. **Tu me perds d'honneur :** tu me déshonores.
2. **Au besoin :** dans le besoin.

Quand vous cherchez ma mort, de défendre ma vie.
J'ai toujours même cœur ; mais je n'ai point de bras
Quand il faut conserver ce qui ne vous plaît pas ;
1485 Et déjà cette nuit m'aurait été mortelle
Si j'eusse combattu pour ma seule querelle ;
Mais défendant mon roi, son peuple et mon pays,
À me défendre mal je les aurais trahis.
Mon esprit généreux[1] ne hait pas tant la vie
1490 Qu'il en veuille sortir par une perfidie[2].
Maintenant qu'il s'agit de mon seul intérêt,
Vous demandez ma mort, j'en accepte l'arrêt.
Votre ressentiment choisit la main d'un autre
(Je ne méritais pas de mourir de la vôtre).
1495 On ne me verra point en repousser les coups ;
Je dois plus de respect à qui combat pour vous ;
Et ravi[3] de penser que c'est de vous qu'ils viennent,
Puisque c'est votre honneur que ses armes soutiennent,
Je vais lui présenter mon estomac ouvert[4],
1500 Adorant en sa main la vôtre qui me perd.

CHIMÈNE

Si d'un triste devoir[5] la juste violence,
Qui me fait malgré moi poursuivre ta vaillance,
Prescrit à ton amour une si forte loi
Qu'il te rend sans défense à qui[6] combat pour moi,
1505 En cet aveuglement ne perds pas la mémoire
Qu'ainsi que de ta vie il y va de ta gloire,
Et que dans quelque éclat que Rodrigue ait vécu,
Quand on le saura mort, on le croira vaincu.
Ton honneur t'est plus cher que je ne te suis chère,

---

1. **Généreux :** animé de sentiments nobles.
2. **Perfidie :** trahison.
3. **Ravi :** transporté.
4. **Estomac ouvert :** poitrine découverte.
5. **Devoir :** obligation morale.
6. **À qui :** devant celui qui.

Puisqu'il trempe tes mains dans le sang de mon père,   1510
Et te fait renoncer, malgré ta passion,
À l'espoir le plus doux de ma possession :
Je t'en vois cependant faire si peu de conte,
Que sans rendre combat[1] tu veux qu'on te surmonte[2].
Quelle inégalité[3] ravale ta vertu ?   1515
Pourquoi ne l'as-tu plus, ou pourquoi l'avais-tu ?
Quoi ? n'es-tu généreux que pour me faire outrage ?
S'il ne faut m'offenser, n'as-tu point de courage ?
Et traites-tu mon père avec tant de rigueur,
Qu'après l'avoir vaincu, tu souffres un vainqueur ?   1520
Va, sans vouloir mourir, laisse-moi te poursuivre,
Et défends ton honneur, si tu veux ne plus vivre.

DON RODRIGUE

Après la mort du Comte, et les Mores défaits,
Faudrait-il à ma gloire encor d'autres effets[4] ?
Elle peut dédaigner le soin de me défendre :   1525
On sait que mon courage ose tout entreprendre,
Que ma valeur peut tout, et que dessous les cieux,
Auprès de[5] mon honneur, rien ne m'est précieux.
Non, non, en ce combat, quoi que vous veuilliez croire,
Rodrigue peut mourir sans hasarder[6] sa gloire,   1530
Sans qu'on l'ose accuser d'avoir manqué de cœur,
Sans passer pour vaincu, sans souffrir un vainqueur.
On dira seulement : « Il adorait Chimène ;
Il n'a pas voulu vivre et mériter sa haine ;
Il a cédé lui-même à la rigueur du sort   1535
Qui forçait sa maîtresse à poursuivre sa mort :
Elle voulait sa tête ; et son cœur magnanime,

---

1. **Sans rendre combat :** sans te battre.
2. **Surmonte :** vainque.
3. **Inégalité :** inconstance.
4. **Effets :** preuves.
5. **Auprès de :** en comparaison de.
6. **Hasarder :** mettre en péril.

S'il l'en eût refusée[1], eût pensé faire un crime.
Pour venger[2] son honneur il perdit son amour,
1540 Pour venger sa maîtresse il a quitté le jour,
Préférant, quelque espoir qu'eût son âme asservie,
Son honneur à Chimène, et Chimène à sa vie. »
Ainsi donc vous verrez ma mort en ce combat,
Loin d'obscurcir ma gloire, en rehausser l'éclat ;
1545 Et cet honneur suivra mon trépas volontaire,
Que tout autre que moi n'eût pu vous satisfaire[3].

CHIMÈNE

Puisque pour t'empêcher de courir au trépas,
Ta vie et ton honneur sont de faibles appas,
Si jamais[4] je t'aimai, cher Rodrigue, en revanche[5],
1550 Défends-toi maintenant pour m'ôter à don Sanche ;
Combats pour m'affranchir d'une condition
Qui me donne à l'objet de mon aversion.
Te dirai-je encor plus ? va, songe à ta défense,
Pour forcer[6] mon devoir, pour m'imposer silence ;
1555 Et si tu sens pour moi ton cœur encore épris,
Sors vainqueur d'un combat dont Chimène est le prix.
Adieu : ce mot lâché me fait rougir de honte.

DON RODRIGUE, *seul.*

Est-il quelque ennemi qu'à présent je ne dompte ?
Paraissez, Navarrais, Mores et Castillans,
1560 Et tout ce que l'Espagne a nourri de vaillants ;
Unissez-vous ensemble, et faites une armée,
Pour combattre une main de la sorte animée :
Joignez tous vos efforts contre un espoir si doux ;
Pour en venir à bout, c'est trop peu que de vous[7].

---

1. **S'il en eût refusée :** s'il la lui avait refusée.
2. **Pour venger :** pour assouvir la vengeance de.
3. **Satisfaire :** offrir.
4. **Si jamais :** puisque.
5. **En revanche :** en retour.
6. **Forcer :** faire céder malgré moi.
7. **C'est trop peu que de vous :** vous n'êtes pas assez nombreux.

Scène 2 L'Infante.

Chez l'Infante.

L'Infante

T'écouterai-je encor respect de ma naissance,   1565
      Qui fais un crime de mes feux ?
T'écouterai-je, amour, dont la douce puissance
Contre ce fier tyran[1] fait révolter mes vœux[2] ?
Pauvre princesse, auquel des deux
      Dois-tu prêter obéissance ?   1570
Rodrigue, ta valeur te rend digne de moi ;
Mais pour être vaillant[3], tu n'es pas fils de roi.
Impitoyable sort, dont la rigueur sépare
      Ma gloire d'avec mes désirs !
Est-il dit que le choix d'une vertu si rare   1575
Coûte à ma passion de si grands déplaisirs ?
      Ô cieux ! à combien de soupirs
      Faut-il que mon cœur se prépare,
Si jamais il n'obtient sur un[4] si long tourment
Ni d'éteindre l'amour, ni d'accepter l'amant !   1580
Mais c'est trop de scrupule, et ma raison s'étonne,
      Du mépris[5] d'un si digne choix[6] :
Bien qu'aux monarques seuls ma naissance me donne,
Rodrigue, avec honneur je vivrai sous tes lois.
      Après avoir vaincu deux rois,   1585
      Pourrais-tu manquer de couronne ?
Et ce grand nom de Cid que tu viens de gagner

---

1. **Fier tyran :** le respect de ma naissance.
2. **Mes vœux :** mes inclinations amoureuses.
3. **Pour être vaillant :** malgré ta vaillance.
4. **Sur :** au cours de.
5. **Du mépris :** que je méprise.
6. **Un si digne choix :** un homme si digne d'être choisi.

Ne fait-il pas trop voir sur qui tu dois régner ?
Il est digne de moi, mais il est à Chimène ;
1590   Le don que j'en ai fait me nuit.
Entre eux la mort d'un père a si peu mis de haine,
Que le devoir du sang[1] à regret le poursuit :
          Ainsi n'espérons aucun fruit
          De son crime, ni de ma peine,
1595 Puisque pour me punir le destin a permis
Que l'amour dure même entre deux ennemis.

Scène 3 L'Infante, Léonor.

L'Infante

Où viens-tu, Léonor ?

Léonor

                Vous applaudir, Madame,
Sur le repos qu'enfin a retrouvé votre âme.

L'Infante

D'où viendrait ce repos dans un comble d'ennui ?

Léonor

1600 Si l'amour vit d'espoir, et s'il meurt avec lui,
Rodrigue ne peut plus charmer[2] votre courage[3].
Vous savez le combat où Chimène l'engage :
Puisqu'il faut qu'il y meure, ou qu'il soit son mari,
Votre espérance est morte, et votre esprit guéri.

L'Infante

1605 Ah ! qu'il s'en faut encor[4] !

---

1. **Du sang :** de venger son père.
2. **Charmer :** séduire.
3. **Courage :** cœur.
4. **Qu'il s'en faut encor :** comme j'en suis loin.

LÉONOR

Que pouvez-vous prétendre[1] ?

L'INFANTE

Mais plutôt quel espoir me pourrais-tu défendre ?
Si Rodrigue combat sous ces conditions,
Pour en rompre l'effet, j'ai trop d'inventions.
L'amour, ce doux auteur de mes cruels supplices,
Aux esprits des amants apprend trop d'artifices.   1610

LÉONOR

Pourrez-vous quelque chose, après qu'un père mort
N'a pu dans leurs esprits allumer de discord[2] ?
Car Chimène aisément montre par sa conduite
Que la haine aujourd'hui ne fait pas[3] sa poursuite.
Elle obtient un combat, et pour son combattant   1615
C'est le premier offert[4] qu'elle accepte à l'instant :
Elle n'a point recours à ces mains généreuses
Que tant d'exploits fameux rendent si glorieuses ;
Don Sanche lui suffit, et mérite son choix,
Parce qu'il va s'armer pour la première fois.   1620
Elle aime en ce duel son peu d'expérience ;
Comme il est sans renom, elle est sans défiance ;
Et sa facilité[5] vous doit bien faire voir
Qu'elle cherche un combat qui force son devoir,
Qui livre à son Rodrigue une victoire aisée,   1625
Et l'autorise enfin à paraître apaisée.

L'INFANTE

Je le remarque assez, et toutefois mon cœur
À l'envi[6] de Chimène adore ce vainqueur.
À quoi me résoudrai-je, amante infortunée ?

---

1. **Prétendre :** espérer.
2. **Le discord :** la discorde.
3. **Ne fait pas :** n'est pas la raison de.
4. **Offert :** qui s'offre.
5. **Sa facilité :** la facilité avec laquelle Chimène accepte don Sanche pour champion.
6. **À l'envi de :** comme.

LÉONOR

1630 À vous mieux souvenir de qui vous êtes née :
Le Ciel vous doit un roi, vous aimez un sujet !

L'INFANTE

Mon inclination a bien changé d'objet.
Je n'aime plus Rodrigue, un simple gentilhomme ;
Non, ce n'est plus ainsi que mon amour le nomme :
1635 Si j'aime, c'est l'auteur de tant de beaux exploits,
C'est le valeureux Cid, le maître de deux rois.
Je me vaincrai pourtant, non de peur d'aucun blâme,
Mais pour ne troubler pas une si belle flamme ;
Et quand pour m'obliger[1] on l'aurait couronné,
1640 Je ne veux point reprendre un bien que j'ai donné.
Puisqu'en un tel combat sa victoire est certaine,
Allons encore un coup le donner à Chimène.
Et toi, qui vois les traits dont mon cœur est percé,
Viens me voir achever comme j'ai commencé.

Scène 4 CHIMÈNE, ELVIRE.

Chez Chimène.

CHIMÈNE

1645 Elvire, que je souffre, et que je suis à plaindre !
Je ne sais qu'espérer, et je vois tout à craindre ;
Aucun vœu ne m'échappe où[2] j'ose consentir ;
Je ne souhaite rien sans un prompt repentir.
À deux rivaux pour moi je fais prendre les armes :
1650 Le plus heureux succès me coûtera des larmes ;
Et quoi qu'en ma faveur en ordonne le sort,
Mon père est sans vengeance, ou mon amant est mort.

---

1. **Obliger :** être agréable.
2. **Où :** auquel.

ELVIRE

D'un et d'autre côté je vous vois soulagée :
Ou vous avez Rodrigue, ou vous êtes vengée ;
Et quoi que le destin puisse ordonner de vous,   1655
Il soutient votre gloire[1], et vous donne un époux.

CHIMÈNE

Quoi ! l'objet de ma haine ou de tant de colère !
L'assassin de Rodrigue ou celui de mon père !
De tous les deux côtés on me donne un mari
Encor tout teint du sang que j'ai le plus chéri ;   1660
De tous les deux côtés mon âme se rebelle :
Je crains plus que la mort la fin de ma querelle.
Allez, vengeance, amour, qui troublez mes esprits,
Vous n'avez point pour moi de douceurs à ce prix ;
Et toi, puissant moteur du destin[2] qui m'outrage,   1665
Termine ce combat sans aucun avantage[3],
Sans faire aucun des deux ni vaincu ni vainqueur.

ELVIRE

Ce serait vous traiter avec trop de rigueur.
Ce combat pour votre âme est un nouveau supplice,
S'il vous laisse obligée à demander justice,   1670
À témoigner toujours ce haut ressentiment,
Et poursuivre toujours la mort de votre amant.
Madame, il vaut bien mieux que sa rare vaillance,
Lui couronnant le front, vous impose silence ;
Que la loi du combat étouffe vos soupirs,   1675
Et que le Roi vous force à suivre vos désirs.

CHIMÈNE

Quand il sera vainqueur, crois-tu que je me rende ?

---

1. **Gloire :** réputation.
2. **Puissant moteur du destin :** c'est-à-dire Dieu (que l'on évite de nommer sur scène).
3. **Sans aucun avantage :** sans que nul n'ait l'avantage.

Mon devoir est trop fort, et ma perte[1] trop grande,
Et ce n'est pas assez, pour leur faire la loi,
1680   Que celle du combat et le vouloir du Roi.
Il peut vaincre don Sanche avec fort peu de peine,
Mais non pas avec lui la gloire de Chimène ;
Et quoi qu'à sa victoire un monarque ait promis,
Mon honneur lui fera mille autres ennemis.

ELVIRE

1685   Gardez[2], pour vous punir de cet orgueil étrange,
Que le Ciel à la fin ne souffre qu'on vous venge.
Quoi ! vous voulez encor refuser le bonheur
De pouvoir maintenant vous taire avec honneur ?
Que prétend ce devoir, et qu'est-ce qu'il espère ?
1690   La mort de votre amant vous rendra-t-elle un père ?
Est-ce trop peu pour vous que d'un coup[3] de malheur ?
Faut-il perte sur perte, et douleur sur douleur ?
Allez, dans le caprice où votre humeur s'obstine,
Vous ne méritez pas l'amant qu'on vous destine ;
1695   Et nous verrons du Ciel l'équitable[4] courroux
Vous laisser, par sa mort, don Sanche pour époux.

CHIMÈNE

Elvire, c'est assez des peines que j'endure,
Ne les redouble point de ce funeste augure[5].
Je veux, si je le puis, les éviter tous deux ;
1700   Sinon en ce combat Rodrigue a tous mes vœux ;
Non qu'une folle ardeur de son côté me penche ;
Mais s'il était vaincu, je serais à don Sanche :
Cette appréhension fait naître mon souhait.
Que vois-je, malheureuse ? Elvire, c'en est fait.

---

1. **Ma perte :** la perte de mon père.
2. **Gardez :** prenez garde.
3. **Que d'un coup :** qu'un coup.
4. **Équitable :** juste.
5. **Augure :** prédiction.

Scène 5 DON SANCHE, CHIMÈNE, ELVIRE.

DON SANCHE

Obligé d'apporter à vos pieds cette épée…   1705

CHIMÈNE

Quoi ! du sang de Rodrigue encor toute trempée ?
Perfide, oses-tu bien te montrer à mes yeux,
Après m'avoir ôté ce que j'aimais le mieux ?
Éclate, mon amour, tu n'as plus rien à craindre :
Mon père est satisfait, cesse de te contraindre.   1710
Un même coup a mis ma gloire en sûreté,
Mon âme au désespoir, ma flamme en liberté.

DON SANCHE

D'un esprit plus rassis[1]…

CHIMÈNE

          Tu me parles encore,
Exécrable assassin d'un héros que j'adore ?
Va, tu l'as pris en traître ; un guerrier si vaillant   1715
N'eût jamais succombé sous un tel assaillant.
N'espère rien de moi, tu ne m'as point servie :
En croyant me venger, tu m'as ôté la vie.

DON SANCHE

Étrange impression[2], qui[3], loin de m'écouter…

CHIMÈNE

Veux-tu que de sa mort je t'écoute vanter[4],   1720
Que j'entende à loisir avec quelle insolence
Tu peindras son malheur, mon crime et ta vaillance ?

---

1. **Rassis** : calme.
2. **Impression** : réaction.
3. **Qui** : qui fait que.
4. **Vanter** : tirer vanité de.

Scène 6
Don Fernand, Don Diègue,
Don Arias, Don Sanche,
Don Alonse, Chimène, Elvire.

Chez le roi.

CHIMÈNE

Sire, il n'est plus besoin de vous dissimuler
Ce que tous mes efforts ne vous ont pu celer[1].
1725 J'aimais, vous l'avez su ; mais pour venger mon père,
J'ai bien voulu proscrire[2] une tête si chère :
Votre Majesté, Sire, elle-même a pu voir
Comme[3] j'ai fait céder mon amour au devoir.
Enfin Rodrigue est mort, et sa mort m'a changée
1730 D'implacable ennemie en amante affligée.
J'ai dû cette vengeance à qui m'a mise au jour,
Et je dois maintenant ces pleurs à mon amour.
Don Sanche m'a perdue en prenant ma défense,
Et du bras qui me perd je suis la récompense !
1735 Sire, si la pitié peut émouvoir un roi,
De grâce, révoquez une si dure loi ;
Pour prix d'une victoire où je perds ce que j'aime,
Je lui laisse mon bien ; qu'il me laisse à moi-même ;
Qu'en un cloître sacré je pleure incessamment,
1740 Jusqu'au dernier soupir, mon père et mon amant.

DON DIÈGUE

Enfin elle aime, Sire, et ne croit plus un crime
D'avouer par sa bouche un amour légitime.

DON FERNAND

Chimène, sors d'erreur, ton amant n'est pas mort,
Et don Sanche vaincu t'a fait un faux rapport.

---

1. **Celer :** cacher.
2. **Proscrire :** mettre à prix.
3. **Comme :** comment.

DON SANCHE

Sire, un peu trop d'ardeur malgré moi l'a déçue[1].   1745
Je venais du combat lui raconter l'issue.
Ce généreux guerrier, dont son cœur est charmé :
« Ne crains rien, m'a-t-il dit, quand il m'a désarmé ;
Je laisserais plutôt la victoire incertaine,
Que de répandre un sang hasardé[2] pour Chimène ;   1750
Mais puisque mon devoir m'appelle auprès du Roi,
Va de notre combat l'entretenir pour moi,
De la part du vainqueur lui porter ton épée. »
Sire, j'y suis venu : cet objet l'a trompée ;
Elle m'a cru vainqueur, me voyant de retour,   1755
Et soudain sa colère a trahi son amour
Avec tant de transport et tant d'impatience,
Que je n'ai pu gagner un moment d'audience[3].
Pour moi, bien que vaincu, je me répute[4] heureux ;
Et malgré l'intérêt de mon cœur amoureux,   1760
Perdant infiniment, j'aime encor ma défaite,
Qui fait le beau succès d'une amour si parfaite.

DON FERNAND

Ma fille, il ne faut point rougir d'un si beau feu,
Ni chercher les moyens d'en faire un désaveu.
Une louable honte en vain t'en sollicite :   1765
Ta gloire est dégagée[5], et ton devoir est quitte ;
Ton père est satisfait, et c'était le venger
Que mettre tant de fois ton Rodrigue en danger.
Tu vois comme le Ciel autrement en dispose.
Ayant tant fait pour lui, fais pour toi quelque chose,   1770
Et ne sois point rebelle à mon commandement,
Qui te donne un époux aimé si chèrement.

---

1. **Déçue :** induite en erreur.
2. **Hasardé :** mis en danger.
3. **Audience :** attention.
4. **Répute :** considère.
5. **Dégagée :** libérée de ses obligations.

Scène 7 Don Fernand, Don Diègue,
Don Arias, Don Rodrigue,
Don Alonse, Don Sanche,
L'Infante, Chimène, Léonor,
Elvire.

L'Infante

Sèche tes pleurs, Chimène, et reçois sans tristesse
Ce généreux[1] vainqueur des mains de ta princesse.

Don Rodrigue

1775 Ne vous offensez point, Sire, si devant vous
Un respect amoureux me jette à ses genoux.
Je ne viens point ici demander ma conquête :
Je viens tout de nouveau vous apporter ma tête,
Madame ; mon amour n'emploiera point pour moi
1780 Ni la loi du combat, ni le vouloir du Roi.
Si tout ce qui s'est fait est trop peu pour un père[2],
Dites par quels moyens il vous faut satisfaire.
Faut-il combattre encor mille et mille rivaux,
Aux deux bouts de la terre étendre mes travaux[3],
1785 Forcer[4] moi seul un camp, mettre en fuite une armée,
Des héros fabuleux[5] passer[6] la renommée ?
Si mon crime par là se peut enfin laver,
J'ose tout entreprendre, et puis tout achever ;
Mais si ce fier honneur, toujours inexorable,

---

1. **Généreux :** animé de nobles sentiments.
2. **Pour un père :** pour racheter la mort d'un père.
3. **Travaux :** action héroïque.
4. **Forcer :** gagner par la force.
5. **Fabuleux :** de la mythologie.
6. **Passer :** surpasser, dépasser.

Ne se peut apaiser sans la mort du coupable, 1790
N'armez plus contre moi le pouvoir des humains :
Ma tête est à vos pieds, vengez-vous par vos mains ;
Vos mains seules ont droit de vaincre un invincible ;
Prenez une vengeance à tout autre impossible.
Mais du moins que ma mort suffise à me punir : 1795
Ne me bannissez point de votre souvenir ;
Et puisque mon trépas conserve votre gloire,
Pour vous en revancher[1] conservez ma mémoire,
Et dites quelquefois, en déplorant mon sort :
« S'il ne m'avait aimée, il ne serait pas mort. » 1800

CHIMÈNE

Relève-toi, Rodrigue. Il faut l'avouer Sire,
Je vous en ai trop dit pour m'en pouvoir dédire.
Rodrigue a des vertus que je ne puis haïr.
Et quand un roi commande, on lui doit obéir.
Mais à quoi que déjà vous m'ayez condamnée, 1805
Pourrez-vous à vos yeux souffrir cet hyménée ?
Et quand de mon devoir vous voulez cet effort,
Toute votre justice en est-elle d'accord ?
Si Rodrigue à l'État devient si nécessaire,
De ce qu'il fait pour vous dois-je être le salaire, 1810
Et me livrer moi-même au reproche éternel
D'avoir trempé mes mains dans le sang paternel ?

DON FERNAND

Le temps assez souvent a rendu légitime
Ce qui semblait d'abord ne se pouvoir sans crime :
Rodrigue t'a gagnée, et tu dois être à lui. 1815
Mais quoique sa valeur t'ait conquise aujourd'hui,
Il faudrait que je fusse ennemi de ta gloire,
Pour lui donner sitôt le prix de sa victoire.
Cet hymen différé ne rompt point une loi

---

1. **Pour vous en revancher :** en contrepartie.

1820 Qui sans marquer de temps lui destine ta foi[1].
Prends un an, si tu veux, pour essuyer tes larmes.
Rodrigue, cependant[2] il faut prendre les armes.
Après avoir vaincu les Mores sur nos bords,
Renversé leurs desseins, repoussé leurs efforts,
1825 Va jusqu'en leur pays leur reporter la guerre,
Commander mon armée, et ravager leur terre :
À ce nom seul de Cid ils trembleront d'effroi ;
Ils t'ont nommé seigneur, et te voudront pour roi.
Mais parmi tes hauts faits sois-lui toujours fidèle :
1830 Reviens-en, s'il se peut, encor plus digne d'elle ;
Et par tes grands exploits fais-toi si bien priser[3]
Qu'il lui soit glorieux alors de t'épouser.

DON RODRIGUE

Pour posséder Chimène, et pour votre service,
Que peut-on m'ordonner que mon bras n'accomplisse ?
1835 Quoi qu'absent de ses yeux il me faille endurer,
Sire, ce m'est trop d'heur de pouvoir espérer.

DON FERNAND

Espère en ton courage, espère en ma promesse ;
Et possédant déjà le cœur de ta maîtresse,
Pour vaincre un point d'honneur qui combat contre toi,
1840 Laisse faire le temps, ta vaillance et ton roi.

---

1. **Lui destine ta foi :** te donne à lui en mariage.
2. **Cependant :** pendant ce temps.
3. **Priser :** estimer.

Clefs d'analyse

Acte V, scènes 5 à 7.

Compréhension

▌ Le registre

- Relever les allitérations dans la première réplique de Chimène.
- Observer l'alternance du vocabulaire de la mort et de celui de l'amour dans la deuxième réplique de Chimène.

▌ L'information

- Relever les termes qui appartiennent au champ lexical du temps dans l'avant-dernière réplique de don Fernand.
- Observer le dernier vers : construction, rythme, sonorité, signification.

Réflexion

▌ Un quiproquo

- Montrer en quoi les scènes 5 et 6 sont indissociables.
- Expliquer la vivacité de la réaction de Chimène quand don Sanche se présente devant elle.
- Expliquer la dissimulation dont fait preuve le roi vis-à-vis de Chimène dans la scène 6.
- Interpréter le silence de Chimène à la fin de la scène 6.

▌ Le dénouement

- Analyser le rôle du roi dans le dénouement.
- Expliquer la résolution de chacun des problèmes restés en suspens jusque-là.
- Discuter de l'aspect tragique de ce dénouement.

À retenir :

Un « coup de théâtre » est un retournement surprenant et soudain de situation. Le spectateur et les personnages sont surpris simultanément. Il faut le distinguer de l'ironie dramatique, dans laquelle le spectateur dispose d'informations dont ne bénéficie pas le personnage principalement concerné par l'action (il peut alors commettre des actes qui vont à l'encontre de ses propres intérêts).

Synthèse Acte V

Le dénouement

Personnages

Le roi justicier

C'est le personnage du roi qui assure à l'intrigue un réel dénouement en permettant que tous les problèmes laissés en suspens soient résolus. Il impose à Chimène de cesser de poursuivre sa vengeance. Il affirme souhaiter qu'un mariage vienne couronner les amours contrariées des héros. Il joue ici à la fois le rôle de père de substitution, qu'il assure auprès de Chimène depuis la mort de son père, et celui de juge.

Si le dernier mot de la pièce est « roi », c'est parce que Le Cid est finalement une histoire de la construction de l'État. Au XVIIe siècle, la morale politique est en effet en train de changer du tout au tout. Grâce à la mort du comte, ce grand seigneur orgueilleux, don Fernand réussit à imposer son pouvoir.

L'ultime scène abolit la vengeance, c'est-à-dire la justice privée, pour asseoir définitivement la suprématie de la justice d'État, c'est-à-dire du droit. Cependant, le roi n'impose pas la solution du mariage. Cela est dû à la volonté de Corneille de respecter les règles de la bienséance, mais aussi au fait que le roi n'est pas doué de la générosité héroïque.

Langage

Le dialogue argumentatif

Le Cid est l'une des pièces qui permettent le mieux de mettre au jour les mécanismes de l'argumentation. Les personnages y sont en effet sans cesse en débat avec eux-mêmes et avec les autres. Ces dialogues prennent la forme de la délibération, de l'altercation ou de la négociation. Le discours a quasiment toujours pour objet une cause qu'il faut défendre, et donc une personne qu'il faut convaincre ou influencer.

Ainsi, les dialogues sont pour la plupart très fermement composés : ils combinent l'usage de figures de rhétorique (antithèses...), de constructions syntaxiques (symétrie, interrogation, liens logiques...) et de formes verbales (infinitif, impératif) qui mettent en valeur les argumentations de chacun.

Société

▌ *L'essor de la monarchie absolue*

Le règne de Louis XIII apparaît comme une époque de transition dans les rapports entre le roi et les nobles. Le cardinal représente la modernité et pense que l'action personnelle et désordonnée, qui va à l'encontre de l'intérêt de l'État, est dangereuse. Il désire centraliser tous les pouvoirs sur la personne du roi. Les grands nobles combattent cette politique qui les prive de leur autonomie. Dans la pièce, ces seigneurs de l'ancien temps sont représentés par le comte et don Diègue. *Le Cid* met aussi en scène un conflit de générations. Rodrigue a encore la conduite héroïque et individualiste des anciens nobles, mais ses hauts faits servent le roi, sans ambiguïté aucune.

Cet aspect transitionnel de l'époque de Corneille a frappé les écrivains des périodes postérieures. Alexandre Dumas n'a pas choisi l'époque du ministère de Richelieu par hasard pour débuter son cycle des Mousquetaires. Il a en effet conçu celui-ci comme un ensemble qui conte la fin de la seigneurie, mise à mal par la monarchie absolue qui s'installe en France au XVIIe siècle. C'est pour cela que son œuvre est l'une de celles où les personnages reprennent avec le plus de fougue les idéaux cornéliens.

Frontispice du *Cid*.
Gravure.

POUR APPROFONDIR

Genre, action, personnages

Genre et registres

Les œuvres dramatiques devraient être les plus propices à la définition stricte de la notion de genre. Les genres dramatiques ont en effet fait l'objet de débats et une littérature théorique abondante a été rédigée à leur propos, surtout à l'époque classique. *Le Cid*, d'abord composé en tant que tragi-comédie, fut par la suite transformé en tragédie. Les transformations subies par le texte, tout comme la « Querelle du *Cid* » sont donc particulièrement à même de nous éclairer sur la notion de genre.

Cependant, il n'a pas toujours été de soi que le théâtre appartînt à la littérature. C'est justement lorsque Richelieu voulut mieux encadrer et contrôler la production littéraire (vers 1625-1635) que le théâtre, art du spectacle, fut considéré comme partie prenante de la littérature et fut plus strictement codifié en France.

La tragi-comédie : un genre qui permet une multiplicité de registres

Au moment où est créé *Le Cid*, les partisans de la tragédie, genre noble, cherchent à lui redonner la première place parmi les arts dramatiques. Par opposition à la tragi-comédie, la tragédie est censée s'adresser à des gens bien nés ou savants. Elle emprunte en effet ses sujets à l'histoire et à la mythologie antique. Elle s'interdit le recours à des scènes comiques ou familières. La tragédie repose ainsi en grande partie sur un climat qui réclame que les variations de registres ne soient pas trop fortes.

Elle est un genre très strict, codifié, et à la morale sévèrement censurée. Ces caractéristiques correspondent bien à la France de Richelieu puis à celle de Louis XIV : le pouvoir central, plus autoritaire, souhaite trouver une image plus policée de la société sur les planches.

Il n'y a cependant pas que le genre sérieux de la tragédie qui voit son succès s'accroître aux dépens de celui de la tragi-comédie à partir du deuxième quart du XVIIe siècle. La comédie connaît également un essor sans précédent, dont le succès des pièces de Molière (1622-1673) est le témoin le plus éclatant.

Le genre comique est plus concret, plus proche de la vie et de la société. De ce fait, il est amené, comme la tragédie, à apporter des conclusions morales. Ces dernières demeurent cependant beaucoup plus vagues que celles offertes par la tragédie. Bien souvent, l'auteur comique s'attache à défendre la sagesse la plus ordinaire contre tous les types de ridicules.

La tragi-comédie, pour sa part, ne saurait être assimilée à un mélange de comédie et de tragédie ou à une tragédie au dénouement heureux. Ce sont des caractéristiques concernant l'action et les personnages qui définissent ce genre : une tragi-comédie mélange des personnages de haut rang et de basse extraction dans une série de péripéties sans unité structurelle forte. Elle se moque des bienséances et de la vraisemblance, tout comme de la sagesse ordinaire.

À l'époque de la création du *Cid*, la tragi-comédie est très en vogue depuis plusieurs dizaines d'années. En fait, dans la deuxième moitié du siècle, les barrières entre la tragédie et la tragi-comédie s'effacent. Le jeune frère de Pierre Corneille, Thomas (1625-1705), obtient, avec ses propres tragédies galantes qui sont un avatar de la tragi-comédie, un succès retentissant dans les années 1650.

Finalement, seule la tragédie perdure pourtant. Elle est de mieux en mieux servie par des auteurs de talent, tels que Racine (1639-1699). Le jeune rival de Corneille s'impose face à lui (notamment lorsque sont jouées simultanément en 1670 *Tite et Bérénice* de Corneille et *Bérénice* de Racine).

Si la tragédie est censée avoir un rôle cathartique (en permettant de se purger des passions) et la comédie, un rôle de divertissement ou de satire, le registre tragique déborde largement le genre de la tragédie, et le genre comique déborde la seule comédie. Une tragédie ne sera pas composée que de textes tragiques ni une comédie que de textes comiques.

Cependant, les auteurs de tragi-comédies ont davantage de latitude que ceux de tragédies ou de comédies pour user de registres variés. Les émotions mises en jeu sont plus variées, et c'est pourquoi les registres le sont également.

Même si ce n'est pas une obligation, et si ce n'est pas le cas dans *Le Cid*, une tragi-comédie peut très bien comporter des passages comiques. Le capitan Matamore de *L'Illusion comique* apparaît ainsi, à bien des égards, comme une caricature anticipée de la figure du Cid. Il est en effet un guerrier haut en couleurs, qui ne cesse de se vanter de ses actions héroïques et de lancer des tirades ronflantes. *Le Cid*, qui s'écarte davantage de la luxuriance du baroque, évite plus volontiers ces mélanges, mais on peut y repérer facilement l'usage de plusieurs registres. Le registre lyrique sert à exprimer des sentiments personnels, perceptibles dans la multiplicité des images employées. L'expression est soignée et souvent emphatique : le rythme est vif, le vocabulaire élevé. Les scènes d'aveux amoureux de Rodrigue et Chimène, en particulier, peuvent être qualifiées de lyriques (III, 4 et V, 1).

Le registre pathétique est en quelque sorte une amplification du registre lyrique. Il sert à exprimer le désespoir du personnage sous la forme d'une plainte déchirante et à provoquer la pitié du spectateur. Les stances prononcées par Rodrigue (I, 6) ou par l'Infante (V, 2) sont les meilleurs exemples de l'usage du registre pathétique dans *Le Cid*.

Le registre héroïque sert à provoquer l'admiration des spectateurs pour le personnage. Il met en avant ses prouesses en utilisant un vocabulaire militaire, des images saisissantes, des hyperboles et une ponctuation volontiers exclamative. On retrouve ce registre dans la bouche de don Diègue lorsqu'il évoque sa gloire passée (I, 4) ou lorsque Rodrigue énumère les exploits dont il serait capable pour Chimène (V, 1).

Le registre épique s'apparente au registre héroïque. Comme il est destiné à mettre en avant un héros qui a été capable de changer le cours des événements pour tout un peuple, il est donc plus grandiloquent encore. Les figures répétitives, qui donnent du rythme au texte, telles les anaphores, insistent sur l'aspect quasiment mythique de l'action. C'est dans la narration de la victoire de Rodrigue face aux Maures que ce registre est utilisé (IV, 3).

Le Cid *comme tragédie : application sommaire des règles classiques*

Le Cid est rédigé dans des années de transition. Aussi Corneille a-t-il voulu concilier dans sa pièce deux genres dramatiques : la tragédie et la tragi-comédie. Or celles-ci sont incompatibles. Alors que la tragi-comédie se caractérise par la plus grande fantaisie et la multiplication des péripéties, la tragédie doit respecter des règles strictes, plus ou moins inspirées des écrits d'Aristote sur le théâtre. Le triomphe de la tragédie sur le classique est donc aussi celui des règles classiques face au foisonnement baroque. Corneille, qui voit la tragédie l'emporter, corrige sa pièce en 1648 et en 1660 pour lui donner les caractères d'une véritable tragédie. Tragi-comédie mâtinée de tragédie, *Le Cid* ne devient cependant pas une véritable tragédie classique après ces remaniements. Corneille en convient lui-même dans l'*Examen* qu'il ajoute à l'édition de 1660.

Faire croire, c'est là la mission et la magie de l'art poétique. Pour que tout soit semblable à la réalité, soit « vraisemblable », il faut que le sujet traité, l'action, la matière de la pièce soient conformes à l'idée que le public se fait de la réalité. Il ne s'agit pas de représenter des faits historiques à peine croyables, mais plutôt des faits acceptables par le commun des mortels.

C'est de ce premier principe que découlent tous les autres : il ne serait pas vraisemblable, dans le temps de la représentation, qu'il s'écoulât trop de temps en cinq actes. C'est cependant au nom de ce même principe que l'on critique la trop grande concentration des actions dans un temps très réduit.

Découlant de la règle de la vraisemblance, la bienséance est une nécessité : ne pas choquer le public par des scènes de bataille ou de duel, par des excès de pathos, par un réalisme cru, mais plutôt privilégier le récit pour se substituer aux événements violents que pourrait contenir la pièce. Ceci doit se faire au détriment de la vérité historique, au profit du sens, par le biais d'un accroissement du registre littéraire du théâtre. Corneille tente tant bien que mal de respecter cette règle : s'il montre le soufflet du comte au père de Rodrigue, c'est pour susciter la sympathie du public pour le vieillard offensé, mais il ne passe pas sous silence, comme il se devrait, les funérailles du comte, tout comme il repousse le futur mariage de Rodrigue et Chimène.

Les trois unités qu'une pièce classique est censée respecter sont l'unité d'action, l'unité de temps et l'unité de lieu.

Cette règle, pour sa part, doit être relativisée puisqu'elle ne vaut que pour le théâtre classique français. Les tragédies de Shakespeare, par exemple, ne cherchent pas à suivre la règle des unités.

L'unité d'action suppose que la pièce ait une intrigue unique, de l'exposition au dénouement. Toutes les péripéties doivent pouvoir être rattachées à une action principale, de telle sorte que l'intérêt du spectateur soit concentré sur l'essentiel. L'amour de Chimène et Rodrigue est sans conteste le fil conducteur de l'œuvre : celle-ci s'ouvre et se ferme par deux annonces à propos de leur mariage. La plupart des péripéties qui se déroulent entre-temps se présentent comme des obstacles à ce mariage, que les héros doivent surmonter. La seule exception est peut-être l'amour de l'infante pour Rodrigue, qui ne favorise ni n'entrave l'union des deux amants. Son rôle, ainsi que celui de don Sanche, fit d'ailleurs l'objet de vives critiques au moment de la « Querelle du *Cid* ».

L'unité de temps, héritée des théoriciens du xviie siècle, s'inspire des règles émises par la *Poétique* d'Aristote : l'action ne peut excéder 24 heures. Ce moment de crise aiguë, aboutissement d'un long parcours, donne encore plus de force à la tragédie. Mais cette règle est particulièrement difficile à suivre pour la plupart des auteurs et constitue un réel handicap pour *Le Cid*, de l'aveu de Corneille lui-même. Ainsi, la bataille contre les Maures se déroule la nuit, entre le duel de Rodrigue et du comte qui suit la querelle, et l'assemblée chez le roi le lendemain. Une durée de 24 heures serait alors forcément une temporalité caricaturale.

Genre, action, personnages

L'unité de lieu découle de l'unité de temps : l'action se déroulant en une seule journée, l'espace occupé par les protagonistes et leurs déplacements se trouve forcément réduit. La pièce prend ses quartiers en une seule salle de palais s'il s'agit d'une tragédie ou, souvent, une rue ou une place pour la comédie. Les contraintes de cet espace limité empêchent donc toute mise en scène de bataille, mais permettent au public, en contrepartie, de se concentrer sur les personnages et leur psychologie. Ici, Corneille, tout en gardant l'unité de Séville, sort de la règle et installe sa pièce sur la place publique, au palais du roi et dans la maison de Chimène. Il agit ainsi afin de donner davantage de vraisemblance au récit. Les déplacements sur scène permettent des changements de lieux, parfois imperceptibles : don Diègue, souffleté sur la place publique, doit faire quelques pas pour signifier qu'il va exhaler sa plainte dans un lieu plus discret.

Action

Les forces à l'œuvre

Elles sont résumées dans le schéma suivant :

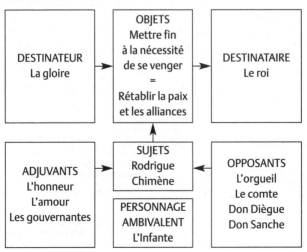

Genre, action, personnages

Les grandes étapes de l'action

Elles apparaissent dans le tableau ci-dessous :

	Action
État initial	Mariage projeté entre Chimène et Rodrigue.
	L'infante doit renoncer à son amour pour Rodrigue par respect pour son rang.
Élément perturbateur	Don Diègue nommé gouverneur du prince.
	Le comte lui donne un soufflet. Désespoir de don Diègue.
1re péripétie : le duel entre Rodrigue et le Comte	Don Diègue fait appel à Rodrigue pour le venger et lui transmet son épée.
	Dilemme de Rodrigue (stances).
	Rodrigue lance son défi au comte.
	L'infante espère qu'une victoire puisse lui donner une chance avec Rodrigue.
	Annonce de la mort du comte.
	Chimène demande justice.
	Rodrigue et Chimène s'avouent leur amour, mais Chimène veut tout de même poursuivre sa vengeance.
Élément perturbateur	Don Diègue envoie son fils combattre les Maures.
2e péripétie : le combat de Rodrigue contre les Maures	On apprend la victoire de Rodrigue contre les Maures.
	Récit de la bataille contre les Maures.
Éléments perturbateurs	Chimène avoue son amour au roi, mais réclame le duel judiciaire.
	Deuxième aveu d'amour.
	L'infante constate que Rodrigue ne lui reviendra pas.
3e péripétie : le duel de Rodrigue et don Sanche	Chimène réaffirme sa volonté de vengeance.
	Elle croit don Sanche vainqueur et le repousse. Elle aime Rodrigue et le dit publiquement. Récit du duel.
État final	Le roi demande que Chimène renonce à poursuivre Rodrigue. Il enjoint Rodrigue de continuer ses exploits. Il souhaite alors que Chimène accepte d'épouser Rodrigue.

Genre, action, personnages

Lieu	Temps	Scène
Chez Chimène.	Premier jour, fin de matinée.	Acte I. Scène 1.
Chez l'infante.	Vers midi.	Scène 2.
Place devant le palais.	Après midi.	Scène 3.
Maison de don Diègue.		Scène 4.
		Scène 5.
		Scène 6.
Dans la rue.		Acte II. Scène 2.
Chez l'infante.	Soir.	Scène 5.
Salle du palais.		Scène 7.
		Scène 8.
Chez Chimène.	Au crépuscule.	Acte III. Scène 4.
Dans la rue.	La nuit.	Scène 6.
Chez Chimène.	Deuxième jour, le matin.	Acte IV. Scène 1.
Chez le roi.		Scène 3.
Chez le roi.		Scène 5.
Chez Chimène.	Fin de matinée.	Acte V. Scène 1.
Chez l'infante.		Scènes 2 et 3.
Chez Chimène.		Scène 4.
Chez le roi.		Scène 5. Scène 6.
Chez le roi.		Scène 7.

Genre, action, personnages

C'est un monde d'héroïsme sublimé que cette tragédie : héroïsme autour de l'honneur du lignage, du service de l'État mais aussi, autour de la souffrance des amours contrariées. En intrigue principale, l'amour et l'honneur se trouvent mis en opposition. Ce sont des couples qui s'affrontent : les pères puis les enfants. En intrigues secondaires, les amours impossibles de l'infante pour Rodrigue et de don Sanche pour Chimène relèvent du même procédé. L'action pure et dure, au sens propre, rebondit sans cesse : querelle, duels, récit de bataille, procès et duel judiciaire, mascarades et révélations.

Personnages

Rodrigue

Rodrigue est le héros cornélien par excellence. Un héros pénétré d'une grande force intérieure, entre la méditation et l'action, ce qui suscite de la pitié tragique et lui attire la sympathie du public. C'est un homme doté d'assez de profondeur intérieure pour transcender son action, en faire autre chose qu'un comportement socialement justifié. Il ne part pas venger son père par instinct de revanche, ni par colère ou sentiment d'offense, mais en suivant la voie de l'honneur exigeant du lignage, avec un mépris de la mort presque suicidaire. C'est un personnage réellement tragique. La pièce insiste sur la valeur de la « jeunesse » du héros, alors que son père et le comte appartiennent à un passé révolu.

Chimène

Chimène est le prototype du personnage traditionnel de la grande amoureuse. Elle sort très vite de sa condition de jeune fille obéissante et dévouée à son père pour entrer dans un jeu tragique, allant de renoncement en renoncement : du renoncement au père mort au renoncement à Rodrigue. Empreinte d'un fatalisme profond, elle n'en est pas pour autant résignée, puisqu'elle reste résolue à restaurer l'honneur de son lignage par une sorte de vendetta. Personnage d'une intensité tragique plus forte que Rodrigue, puisqu'elle ne peut se targuer de la gloire militaire de celui-ci, elle ne peut sortir du registre de la plainte, de la protestation, de la lamentation. Percluse de malheur, elle ne semble rien gagner, à l'issue de la pièce.

Don Diègue et don Gomès

Don Diègue et le comte sont, eux, les personnages militaires, avatars du personnage du père noble : vieillard fier et fidèle à son roi, père soucieux malgré tout, don Diègue représente le chef de lignage, hautain et violent. Don Gomès, le comte est, pour sa part, plutôt un « matamore tragique », outrageusement arrogant et fier, jusqu'au comique. Il est le pendant de don Diègue, jusqu'à la caricature, presque dangereux pour le royaume : le public ne regrettera pas sa mort.

Le roi

Le roi est de légende : vieux, inquiet de sa descendance, bienveillant et un peu faible, ne tranchant qu'en toute dernière extrémité. Il ne manifeste ni force ni puissance : ballotté par les événements, son royaume est sauvé par le jeune Rodrigue et non par lui ; il tente vainement d'interdire les duels et d'aplanir les différends ; il doit tolérer le duel judiciaire que lui impose la jeune orpheline. Seule la fin, où il impose le service de l'État qui prévaut sur la justice des familles, lui semble plus favorable. Encore faudrait-il y voir autre chose qu'une démonstration désespérée d'un simulacre d'absolutisme.

L'infante et don Sanche

L'infante, amoureuse transie mais désespérée, affronte et réprime sa passion par la souffrance, tout en espérant. Elle est à la fois victime et servante de l'État. L'autre rival amoureux, don Sanche, est le symétrique de l'infante, en moins attachant, et le double de Rodrigue, en plus transparent. C'est le second couteau, héros chevaleresque qui souffre de ne pas être aimé et ne monte à l'avant-scène que pour la résolution de la crise.

Albert Lambat dans le rôle de Rodrigue.
Photographie.

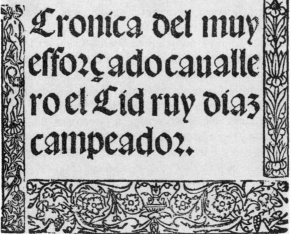

Cid Campeador, chef de guerre espagnol.
Lithographie.

L'œuvre : origines et prolongements

Origine historique

Le PERSONNAGE HISTORIQUE du Cid s'illustre au cœur de la Reconquête de l'Espagne par les chrétiens (la *Reconquista*), arrachant la péninsule alors aux mains des Arabes, à partir du XIe siècle. Cette reconquête fut notamment l'œuvre d'Alphonse VI, dit « le Sage », roi de Castille, qui avait pris Tolède puis lancé vers le sud toujours musulman une série d'expéditions militaires victorieuses. Né vers 1043 à Vivar/Bivar (près de Burgos), Rodrigo Diaz passe son enfance au palais de Ferdinand le Grand puis de son fils Sanche II. Combattant remarqué, notamment lors d'une bataille contre les Navarrais à Graus en 1065, il est surnommé *Campeador* (pour *Campidoctor*, « le preux » ?). En 1072, après l'assassinat de Sanche II, il passe au service d'Alphonse VI, son successeur. Celui-ci lui offre, en récompense pour ses hauts faits d'arme, la main de doña Ximena (Chimène), fille du comte d'Oviedo. Chassé de Castille, en exil et en rupture avec Alphonse VI, il mène une vie de mercenaire, guerroyant notamment contre les Maures de Tolède et recevant le nom de Cid (de l'arabe *sidi*, « seigneur ») devant le château d'Almenar en 1082. En 1094, après vingt mois de siège, le *Campeador* entre dans Valence et y règne jusqu'à sa mort en 1099, tenant à distance les Almoravides. Il se montra attentif à christianiser les parties de royaume qu'il avait reconquises. Chimène et ses deux filles, qui avaient toutes trois été confiées par le Cid à la garde d'un monastère, reparaissent alors et Chimène reçoit la souveraineté sur Valence à la mort de son mari. Elle ne peut conserver ce royaume. Le Cid est enterré au couvent Saint-Pierre de Cardenas. Mais la reconquête continue, sans le Cid ; les rois de Castille, Navarre et Aragon unissent leurs effectifs militaires : les Maures sont vaincus à Las Navas de Tolosa. C'est Ferdinand

L'œuvre : origines et prolongements

II, roi de Castille, qui met officiellement fin à la reconquête par la prise de Cordoue en 1236.

Premiers textes médiévaux

Le *Cantar de mio Cid* est le principal texte d'origine du *Cid* de Corneille. Plus ancienne chanson de geste espagnole, le *Cantar*, d'abord transmis oralement, a été mis par écrit en castillan vers 1200 (en 1207 au plus tard, date de la copie par un scribe du nom de Per Abbat). Le thème essentiel est l'exil du Cid qui doit laisser sa femme, Chimène, et ses deux filles, Elvire et doña Sol. Après sa conquête de Valence, il sollicite du roi son aide et son appui pour que sa femme et ses filles puissent venir le retrouver. Alphonse VI accepte et encourage le mariage des filles avec des nobles, les infants de Carrion. Malheureusement, ces derniers se comportent très mal avec leurs jeunes épousées et le Cid les punit sévèrement, tandis que les filles trouvent des époux bien plus dignes d'elles ! Le Cid rentre alors à Valence et y meurt.

Le *Cantar* est composé de trois parties : le *Cantar del Destierro*, dans lequel le Cid quitte la Castille et combat les Maures jusqu'à son arrivée à Valence ; le *Cantar de las Bodas*, dans lequel il conquiert Valence et, après avoir reçu le pardon du roi, marie ses deux filles ; le *Cantar de las Afrentas de Corpes*, dans lequel les infants abandonnent les filles du Cid, qui demande réparation à la cour de Tolède, avant de remarier ces dernières aux fils des rois de Navarre et d'Aragon.

Ce texte, fondateur pour la littérature castillane, côtoie trois autres chansons de geste : *Roncesvalles* (vers 1270), *Las mocedades de Rodrigo* (vers 1360) et l'*Epitafio épico del Cid* (vers 1400). Le *Cantar* est la plus ample des trois (3 733 vers) et la seule aussi complètement conservée.

Parallèlement existe un ensemble composite appelé le *Romancero*. Constitué de plus de deux cents « romances », qui sont autant de courts poèmes composés en octosyllabes et

L'œuvre : origines et prolongements

issus des chansons de geste, le *Romancero* espagnol s'est transmis de manière orale à partir du xive siècle et jusqu'au xxe siècle. Beaucoup de ces poèmes datent du xve siècle. Les thèmes en sont historiques, légendaires, lyriques et rencontrèrent beaucoup de succès.

PARMI EUX, le *Poema de mio Cid* retrace la vie légendaire du Cid historique, fixant ainsi la tradition orale qui fleurit autour du héros entre les xve et xviie siècles. Une des particularités du récit épique repose sur cet épisode dans lequel don Diègue Laynez, ayant été humilié par le soufflet du comte Lozano, soumet ses trois fils à une épreuve : en sort grand vainqueur Rodrigue qui va venger son père en tuant le comte. Chimène, la fille du comte, vient demander justice au roi, qui acquitte Rodrigue après sa victoire contre les Maures et la marie à lui.

Le texte d'origine : Les Enfances du Cid

LES ENFANCES DU CID (*Las Mocedades del Cid*) est l'un des principaux textes utilisés par Corneille pour la rédaction de son œuvre. L'auteur des *Mocedades*, Guillén de Castro (1569-1631), a lui-même puisé dans la tradition médiévale du *Romancero*, mais aussi dans l'*Histoire d'Espagne* de Mariana (1601). Mariana avait suggéré que Chimène était tombée amoureuse des qualités de Rodrigue. Dans sa pièce en trois journées et huit tableaux, représentée à Madrid en 1618, Guillén de Castro ajoute un élément essentiel qui sera réutilisé par Corneille : Chimène tombera amoureuse de Rodrigue bien avant la mort de son père. En voici un extrait :

« De douleur, je demeure interdit. Fortune, ce que je vois est-il réel !
Ce changement qui vient de toi m'est si funeste que je n'y crois pas !
Comment ta rigueur a-t-elle pu permettre que mon père fût l'offensé — étrange peine ! — et l'offenseur le père de Chimène ?

L'œuvre : origines et prolongements

Que faire, ô fortune cruelle, s'il est, lui, l'âme qui m'a donné la vie ?
Que faire, terrible hésitation, si elle est, elle, la vie qui soutient mon âme ?
J'aurais voulu, avec ton approbation, mêler mon sang au sien, et c'est son sang que je dois verser !
Souffrance extrême, je dois tuer le père de Chimène ?
Mais cette hésitation même offense l'honneur sacré qui soutient ma réputation.
Mon devoir m'oblige, mon esprit une fois libéré, à me montrer digne de moi car si mon père est l'offensé ; peu importe, amère souffrance, que l'offenseur soit le père de Chimène.
Mais pourquoi songer ! Puisque j'ai plus de courage que d'années pour venger mon père en tuant le comte Lozano, qu'importe dès lors le parti redoutable du puissant adversaire, même s'il a dans les montagnes mille amis asturiens ! »

Le Cid *de Corneille*

CORNEILLE s'empare de ce texte de Guillén de Castro et en fait l'ossature de son *Cid*, joué en janvier 1637 au théâtre du Marais comme une tragi-comédie. Décriée, remise en cause dans sa dramaturgie, la pièce deviendra une tragédie en 1648, tandis que Corneille prend, dès le 21 janvier 1637, un privilège pour imprimer sa pièce, en déposséder le théâtre du Marais et se l'approprier, en « professionnel » de la littérature. La version de 1637 est donc une tragi-comédie simplifiée, où le personnage central est vu dans son intimité, où la question essentielle tourne autour de l'amour contrarié, au milieu d'exploits héroïques. On remarquera que la tragi-comédie est simplifiée en ce qu'elle évite trop de rebondissements et trop de spectacle. Corneille ne fait pas représenter le duel sur scène, par exemple. Il tente de se plier aux unités de temps et de lieu, supprimant les déplacements de lieu et insistant sur le temps (l'unité des vingt-quatre heures, notamment).

L'œuvre : origines et prolongements

La VERSION DE 1648 atténue la violence amoureuse de Chimène et insiste davantage sur les bienséances (on repousse la question du mariage « à plus tard » dans l'intrigue et, en 1660, un nouveau changement dans la scène finale rend même incertain le fait que ce mariage ait lieu). Corneille exacerbe également la pitié et la crainte, grâce au maintien, voire au renforcement, du dilemme « devoir-passion ». Les héros doivent dominer leur passion en exerçant leur volonté. De la sorte, Corneille insiste sur l'image du sublime et revendique le genre de la tragédie. Il ajoute à la crainte et à la pitié l'admiration que le personnage de Chimène doit provoquer. L'action est unifiée, les violences de l'amour tempérées, les péripéties simplifiées... L'auteur respecte ainsi les nouveaux canons tragiques et le sujet de la pièce devient, au-delà de l'intimité amoureuse des jeunes héros et de la fougue héroïque du Cid, une affaire d'État. Honneur du lignage, autorité de l'État, voilà les maîtres mots de la pièce de 1648.

Après Corneille : la riposte de 1637

En 1637, Urbain Chevreau écrit hâtivement une tragi-comédie en cinq actes, destinée à l'hôtel de Bourgogne, le théâtre rival de celui du Marais. Urbain Chevreau met en scène une infante prête à tout pour récupérer Rodrigue. Il s'agit d'une pièce embrouillée dont nul ne sait si elle fut réellement jouée. Une autre tragi-comédie fut donnée en 1637 par Desfontaines, *La Vraie Suite du Cid* : le roi y tombait amoureux de Chimène, mais il consentait finalement à son mariage avec Rodrigue. Deux ans plus tard, Chillac écrit une pièce qui ne fut jamais produite, *L'Ombre du comte de Gormas ou La Mort du Cid*, dans laquelle le spectre du comte apparaît à sa fille, l'avertissant du retour d'un frère que l'on croyait mort. Ce frère survient, tue Rodrigue, lutte contre les Maures et épouse l'infante.

L'œuvre : origines et prolongements

La fin du xviiie et le xixe siècle héritiers de Corneille : la poétique du Cid

PLUSIEURS AUTEURS de la fin du xviiie et du xixe siècle s'inspirent de Corneille.

Chateaubriand, dans le poème cité ci-après, suit les traces de Corneille et jette les premiers feux d'un romantisme échevelé, épris d'un Moyen Âge de cour. À lire, voire à chanter sur l'air des *Folies d'Espagne* *.

« Prêt à partir pour la rive africaine,
Le Cid armé, tout brillant de valeur,
Sur la guitare, aux pieds de sa Chimène,
Chantait ces vers que lui dictait l'honneur :

Chimène a dit : Va combattre le Maure ;
De ce combat surtout reviens vainqueur.
Oui, je croirai que Rodrigue m'adore,
S'il fait céder son amour à l'honneur.
– Donnez, donnez et mon casque et ma lance !
Je veux montrer que Rodrigue a du cœur :
Dans les combats signalant sa vaillance,
Son cri sera pour sa dame et l'honneur.

Maure vanté par ta galanterie,
De tes accents mon noble chant vainqueur
D'Espagne, un jour, deviendra la folie,
Car il peindra l'amour avec l'honneur.
Dans le vallon de notre Andalousie,
Les vieux chrétiens conteront ma valeur.
Il préféra, diront-ils, à la vie
Son Dieu, son roi, sa Chimène et l'honneur. »

*Commentaire de Chateaubriand : « Tout le monde connaît l'air des *Folies d'Espagne*. Cet air était sans paroles, du moins il n'y avait point de paroles qui en rendissent le caractère grave, religieux et chevaleresque. J'ai essayé d'exprimer ce caractère dans la romance du Cid. Cette romance s'étant répandue dans le public sans mon aveu, des maîtres célèbres m'ont fait l'honneur de l'embellir de leur musique. »

L'œuvre : origines et prolongements

Casimir Delavigne (1793-1843), de son côté, compose en 1839 *La Fille du Cid*, tragédie en trois actes, produite le 15 décembre 1839, sans guère de succès, qui parcourt la même veine romantique, mais ici insistant sur le sacrifice : le Cid reçoit en 1094 à Valence l'ambassade de Ben Saïd qui vient lui proposer une alliance avec les Maures. Elvire, la fille du Cid, repousse la proposition de mariage avec dignité : la guerre est déclarée. Elle est fiancée à Ferdinand, fils d'un des compagnons de guerre du Cid, qui a aussi un autre fils, Rodrigue, reclus dans un couvent pour exaucer un vœu de sa mère, refusant les armes et songeant à prononcer tous ses vœux. Mais il est amoureux d'Elvire aussi. Hélas, Ferdinand meurt au combat et son corps est confisqué par les Maures. Rodrigue, avouant son amour à Elvire, part rechercher le corps de son frère en combattant aux côtés du Cid. Le Cid, mortellement blessé, meurt dans les bras d'Elvire.

Victor Hugo s'est lui aussi inspiré du *Cid* dans *La Légende des siècles* (1859-1883), série de récits épiques à la portée philosophique, décrivant l'histoire de l'ascension morale de l'homme à travers les siècles. Il s'agit d'une vaste fresque poétique de la conscience humaine, tentant finalement d'embrasser la totalité de l'espace et du temps et de décrire la lutte de l'homme contre toute oppression. Hugo s'est intéressé très tôt à la figure du Cid. Il écrit en 1856 *Le Romancero du Cid*, publié dans la seconde édition de *La Légende des siècles* de 1877. Au début de 1859, il compose *Le Cid exilé* et *Bivar*. Hugo présente un Cid en héros féodal, indépendant, farouche, dressé contre le roi qui est jaloux, ingrat, défiant, abject voire fourbe et qui ne réussit pas à le briser.

Leconte de Lisle, poète parnassien par excellence, laisse une grande place au Cid dans ses poèmes barbares en 1872. Il aborde avec rigueur et minutie les civilisations perdues ou disparues, tentant de les restituer, en réconciliant libertés de la poésie et exigences de la science : il est alors influencé par les

L'œuvre : origines et prolongements

premières théories positivistes ! Les soucis scientifiques d'archéologie et d'histoire, le parti pris d'objectivité, les jeux d'érudition sont assez déroutants et même dépaysants. Il choisit de grands sujets impersonnels et des thèmes éternels, pour mieux « contempler » les formes divines.

José Maria de Heredia enfin, dans son recueil *Les Trophées*, paru en 1893, écrit le *Romancero* (publié d'abord en 1885 dans *La Revue des deux mondes*) : trois poèmes de structure identique qui sortent exceptionnellement du cadre rigide du sonnet. Heredia, à l'instar de Leconte de Lisle, exploite l'intertexte du *Romancero* médiéval et des *Enfances du Cid* de Guillén de Castro. Il nourrit ainsi son recueil, sorte de petite « légende des siècles » destinée à explorer des civilisations, des histoires ou des paysages en évoquant, dans un raccourci érudit et virtuose, l'Antiquité gréco-romaine, la Renaissance italienne et espagnole, l'Égypte et le Japon.

Parodies du xxᵉ siècle

Avocat et poète, Georges Fourest (1867-1945) est célèbre pour son recueil de poésies intitulé *La Négresse blonde*, paru en 1909. Placé sous le patronage de Rabelais, ce livre se complaît dans la plaisanterie scatologique, l'allusion grivoise et la comparaison burlesque. Il est en fait empreint d'intellectualisme puisqu'il ne cesse de travestir d'autres textes, en résumant de manière parodique les grandes pièces du théâtre classique ou en imitant par le pastiche les poètes du xixᵉ siècle comme Verlaine, Laforgue ou Mallarmé... Voici un extrait de sa parodie du *Cid* :

« *Le Cid*
Le palais de Gormaz, comte et gobernador
est en deuil ; pour jamais dort couché sous la pierre
l'hidalgo dont le sang a rougi la rapière
de Rodrigue appelé le Cid Campeador.
Le soir tombe. Invoquant les deux saints Paul et Pierre
Chimène, en voiles noirs, s'accoude au mirador

et ses yeux dont les pleurs ont brûlé la paupière
regardent, sans rien voir, mourir le soleil d'or...
Mais un éclair, soudain, fulgure en sa prunelle :
sur la plaza Rodrigue est debout devant elle !
Impassible et hautain, drapé dans sa capa,
le héros meurtrier à pas lents se promène :
– Dieu ! soupire à part soi la plaintive Chimène,
qu'il est joli garçon l'assassin de papa ! »

JOURNALISTE, RÉDACTEUR EN CHEF du *Journal d'Alger*, Edmond Brua
signe également une *Parodie du « Cid »* en 1941, écrite en langage « pied-noir ». Représentée pour la première fois, le
3 novembre 1941, au théâtre du Colisée à Alger, c'est un modèle
de parodie, curieux mélange de plusieurs langues : espagnol,
italien, français, arabe :

« Acte II - Scène 2
*GONGORMATZ, la tondeuse à la main [dit « le Comte », ancien
patron coiffeur, courtier électoral].*
RORO, l'espadrille à la main [chômeur, fils de Dodièze].
RORO : Ô l'homme, arrête un peu !
GONGORMATZ : Cause !
RORO : Eh ben ! Y'a du louche. T'le connais à Dodièze ?
GONGORMATZ : Ouais !
RORO : Ferme un peu la bouche ! T'sais pas, tout vieux qu'il est,
ça qu'il était çuilà,
Honnête et brave et tout, dans le temps, t'le sais pas ?
GONGORMATZ : Assaoir !
RORO : Et ce bœuf qu'y monte à ma fugure, t'sais pas d'aousqu'y
sort, t'le sais pas ?
GONGORMATZ : Quelle affure... ?
RORO : À quatre patt', ici, je te le fais saoir !
GONGORMATZ : Allez, petit merdeux !
RORO : Merdeux, faut oir à oir, et petit, c'est pas vrai, mâ quand
c'est ma tournée,
N'as pas peur, j'attends pas pour rendre les tannées !
GONGORMATZ : Pour un taquet à moi, je t'en rends dix ou vingt !

L'œuvre : origines et prolongements

Mâ dessur un petit je vas léver la main ?
RORO : Un petit dans mon genre y peut te rendre un mètre !
Pour dix coups d'encaissés, cent coups y veut te mettre !
GONGORMATZ : T'le connais à Bibi ?
RORO : Eh ! mala j'connais pas ! Un bâtard, un falso qu'il a tapé papa ! Les cornes qu'on te oit dessur la carabasse, Je m'les prends un par un et comm' ça je m'les casse ! Je connais, Je connais : ti'es le roi des chiqueurs. Mâ je pense entre moi : « Si ti'as peur, n'as pas peur. Un pluss connu que lui y'a pas dans la Cantère. Qué malheur que personne y connaît à son père ! »
GONGORMATZ : Ti'ensultes pas cet homme, aussinon... c'est pas bien !
RORO : A'c un coup de soufflet ti'as bien tapé le mien ! Pasqu'il est vieux, le pauve, et péteux, tu profites.
Tu t'le prends en rétraite et tu fais schkapa, vite. Mâ s'il aurait oulu sortir le rivolver, Direc' pour Saint-Ugène y te fait sanger l'air.
Papa, c'est un lion qu'il en a plus la force.
Pluss terrible que lui, manque y z'en ont les Corses
Vec cet homme, O cougoutse, y faut faire entention, Pourquoi c'est toujours lui, quand ya les élections,
Qu' y fait voter les morts, en schkamb et tous d'attaque, Et qu'y s'les garde à l'oeil pour pas qu'on s'les sarracque ! »

Le Cid à l'Opéra

On dénombre de nombreuses versions du *Cid* adaptées pour l'Opéra. Depuis *Amore e Dovere*, de Domenico David avec une musique de Niccolini, donné à Venise en 1697 jusqu'à la version la plus « récente », ou du moins la plus connue et la plus représentée encore de nos jours, celle de Jules Massenet (1842-1912) : *Le Cid*, en quatre actes et dix tableaux, paroles d'Ennery, Louis Gallet et Édouard Blau, musique de Jules Massenet, donné à Paris en 1885. Il s'agit d'une composition peu novatrice et que les spécialistes de Massenet ne placent pas au pinacle de sa production. Cette œuvre juxtapose grandes envolées de chœurs et

L'œuvre : origines et prolongements

scènes plus intimistes… Elle est d'ailleurs connue bien davantage, ces dernières années, sous ses représentations symphoniques que sous sa forme originelle d'opéra.

PARMI LES AUTRES OPÉRAS autour du *Cid*, on notera tout particulièrement *Il Gran Cid*, composé par Antonio Maria Gasparo Sacchini et donné à Rome en 1764. Sacchini est un compositeur italien de l'école napolitaine (Florence, 1730-Paris, 1786). Élève de Durante, il était le musicien favori de Marie-Antoinette et est surtout connu pour son *Œdipe à Colone*.
Nicolas-François Guillard (1752-1814) composa le livret de *Chimène ou Le Cid*, opéra en trois actes, révision de la première version de Sacchini : l'opéra fut représenté à Fontainebleau, en 1783. Ce même *Cid* fut adapté par Carl Weber, puis donné en Allemagne sous le nom de *Rodrigue* en 1821.

AUTRE CÉLÈBRE ADAPTATION de l'œuvre de Corneille : le *Rodrigo* du compositeur Haendel (1685-1759). Le titre original était *Rodrigo o Vincer se stessa è la maggior vittoria (Rodrigue ou Se vaincre soi-même est la plus grande victoire)*. Cet opéra fut représenté à Florence, en 1707, alors que le jeune Haendel venait d'arriver en Italie. Fort de son expérience à Hambourg, il écrivit ainsi son premier vrai opéra italien, dans la lignée de ceux d'Alessandro Scarlatti, bien connus dans la cité des Médicis. La partition est truffée d'auto-emprunts (Almira), mais aussi de citations reprises dans les opéras hambourgeois de Keiser. La date de 1707 est contestée : selon d'autres sources, l'opéra n'aurait été représenté sur le théâtre privé du duc Ferdinand que durant l'été 1708. L'œuvre eut un grand succès.
Il Cid, de Leo Leonardo (1694-1744), donné à Rome en 1727, est moins connu et fut moins représenté, de même qu'*Il Gran Cid*, de Paisiello (1740-1816), célèbre pour son *Il Barbiere di Siviglia* avant qu'il ne soit repris par Rossini, donné à Florence en 1775. Comme autres adaptations du *Cid*, on peut citer *Il Cid*, de Giovanni Paccini, donné à Milan en 1853, ou encore *Der Cid* de Peter Cornelius (1824-1874), l'un de ses trois opéras, composé entre 1860 et 1865 et donné en 1865 à Weimar.

Frontispice du *Cid*.
Gravure de François Chauveau.

L'œuvre
et ses représentations

La première représentation

Représentation à l'hôtel du Marais, en janvier 1637

Le théâtre du Marais fut ouvert rue Vieille-du-Temple, en 1634, par Guillaume de Montdory (né en 1594), qui avait rencontré Corneille à Rouen. Rodrigue fut interprété par Montdory lui-même. Il était alors au faîte de son art. Seul comédien de son temps à jouer avec les cheveux courts et sans perruque, il apparaissait cependant en costume de l'époque, comme tous les acteurs alors. *Le Cid* fut un événement considérable, le théâtre faisant salle comble. La pièce fut jouée trois fois devant la reine et deux fois en l'hôtel de Richelieu.

Les représentations historiques

Le Cid *avec Baron le jeune (1720)*

Baron le jeune, né en 1653, fils de « Baron » qui créa le rôle de don Diègue, reprit le rôle du Cid à l'hôtel de Bourgogne, en 1720.

Le Cid *avec Beauvallet*

L'époque romantique reprit *Le Cid* et lui donna un nouveau lustre au théâtre, notamment avec Beauvallet, acteur romantique bien à sa place dans les drames de Victor Hugo ou de Dumas, dans la première moitié du XIXe siècle. Beauvallet était et jouait selon le style de cette nouvelle école, jusqu'à la caricature : sauvagerie, romanesque à la Byron, expressions au couteau, mais surtout effets de voix : dissonances rythmiques, écarts vocaux, puissance vocale... Il n'était guère doux ou délicat, mais il faisait siennes les parties éclatantes, vigoureuses, voire conquérantes, du rôle.

Le Cid *avec Mounet-Sully (1872).*

En 1872, le comédien Mounet-Sully reprend le rôle de Rodrigue. Ses premières représentations sont peu appréciées. Le public estime qu'il met trop de mélancolie, de douleur et d'excentricité dans son interprétation. Puis il change son jeu et se présente comme un héros en puissance, une sorte de page amoureux, désespéré et sensible.

Le Cid *du festival d'Avignon (1951) : Jean Vilar et Gérard Philipe.*

La dernière représentation « conventionnelle » du *Cid* date de 1949, à la Comédie-Française, avec une mise en scène de Julien Bertheau (ainsi que Debucourt, Davy, Falcon, Gaudeau). C'est deux ans plus tard que Jean Vilar s'en empare. La première du *Cid* de Jean Vilar a lieu au festival d'Avignon, le 15 juillet 1951 : la tragédie est interprétée par le T.N.P. Les acteurs principaux sont Jean Vilar, Gérard Philipe, Jeanne Moreau et Lucienne Le Marchand... Quand, en 1948, Jean Vilar demande à Gérard Philipe d'interpréter Rodrigue, celui-ci refuse, trouvant l'idée farfelue et invoquant son désintérêt pour Corneille et la pièce. Mais, après réflexion, il accepte en 1950. Le 14 juillet 1951, la troupe répète pour la dernière fois. Gérard Philipe « explose » littéralement, il vit du plus profond de lui-même son personnage. Trop profondément peut-être, car au moment de sortir de scène, il se trompe de côté et fait une chute de 2,50 m, amortie par l'épaisseur du costume qu'il porte. Il se blesse au genou mais assure qu'il jouera Rodrigue le lendemain. Il joue alors assis sur un fauteuil. Le public lui fait un triomphe. Le 17 novembre 1951, Jean Vilar plante ses tréteaux dans la salle de spectacle de la Cité-Jardin à Suresnes : une sorte d'ouverture au théâtre pour le plus grand nombre. On craignait une catastrophe, ce fut un succès : la communion réelle entre spectateurs, machinistes, comédiens, musiciens ainsi que la scène complètement dépouillée, nue, font redécouvrir au public la jeunesse du *Cid*. Dans les journaux, les critiques vantent les mérites de cet acteur qui donne une dimension nouvelle à son personnage. Lorsqu'un reporter de la radio présente le micro à Gérard Philipe et lui demande à qui il attribue ce renouveau, cette jeunesse du *Cid*, il répond : « À Pierre Corneille ! » La pièce fut un immense succès. Elle fut jouée 199 fois.

L'œuvre et ses représentations

Les représentations récentes du Cid

*Mises en scène de Francis Huster (1985)
et de Gérard Desarthe (1988).*

En 1985, Francis Huster s'empare du *Cid* et le met en scène, au théâtre du Rond-Point (avec F. Huster, J. Marais, J.-L. Barrault, J. Gastaldi).

Trois ans plus tard, en 1988, *Le Cid*, mis en scène par Gérard Desarthe (et joué au théâtre de Bobigny, avec J. Alric, V. Garrivier, M. Basler, M. Matheron, C. Cyriaque, C. Brault), fut assez apprécié. Ce metteur en scène choisit de situer l'action dans la Vienne austro-hongroise du XIXe siècle, monde de « dureté, de brutalité, d'élégance et de désinvolture ». Il a préféré cette période d'empires et de « petits rois ». Il place les scènes dans un musée occupé par des militaires, qui s'entraînent à l'usage des armes. Mais, malgré ces aménagements historiques, il n'a pas touché à un seul alexandrin. La grande révélation repose sur le statut de Rodrigue, qui n'est pas un héros d'emblée. C'est après la bataille qu'il apparaît comme tel : « À partir de là, l'histoire d'amour des trois enfants, Rodrigue, Chimène et l'infante va tourner au massacre. On dit souvent que Chimène est une emmerdeuse. C'est une erreur : elle est jeune, belle, magnifique ; elle est dure, elle va jusqu'au bout. L'Infante est aussi un personnage magnifique. Mais, par sa naissance, elle est broyée, elle vit en vase clos, seule. » (D'après un entretien de G. Desarthe avec O. Schmitt, paru dans *Le Monde* du 20 février 1988.)

Autres mises en scène

Notons la représentation du *Cid* au théâtre des Deux-Rives en 1998, avec une mise en scène de Marcelle Tassencourt (avec Alain Lawrence, Sophie Corbel, Jean Davy, Michel Chalmeau, Dominique Triqueneaux, Jean-Roch Miquel, Daniel Annotiau, Olivier Pauthex, Anne-Laure Connesson, Sophie-Anne Lecesne, Françoise Bussy, Coppélia Marincovic).

L'œuvre et ses représentations

La Comédie-Française reprend régulièrement *Le Cid* : en 1955, avec une mise en scène de Jean Yonnel (Escande, Davy, Eyser, Guers) ; en 1963, avec une mise en scène de Paul-Emile Debeir (Destoop, Winter, musique Marcel Landowski) ; en 1977, avec une mise en scène de Terry Hands (Huster/Beaulieu, Agénin/Mikael, Etchevery, Eyser, Silberg, Gence). Enfin, en 2005, *Le Cid* y est mis en scène par Brigitte Jacques (avec Catherine Salviat, Claude Mathieu, Jean-Baptiste Malartre, Christian Blanc, Alexandre Pavloff, Roger Mollien, Audrey Bonnet, Loïc Corbery, Léonie Simaga, Jacques Bourgaud, Alain Umhauer, Sarah Le Picard et Marion Picard). Rodrigue y paraît dépressif, comme désabusé ; il semble mal endosser le costume du héros qu'on lui impose. Las, il n'a pour son père qu'un regard lointain et semble tout marri d'avoir à se battre pour son nom. Cet héroïsme-là, Chimène en souffre aussi, mais elle s'y complait, s'y enlise, jusqu'à susciter le rire. Le pauvre Rodrigue n'arrive pas à lui faire comprendre combien tout cela est vain. Les pères, eux, sont d'un autre monde, prisonniers d'un combat d'arrière-garde dans lequel ils veulent, obstinés, impliquer leur progéniture jusqu'au malheur. Chimène en devient « sourde, aveugle, obstinée dans la lamentation hargneuse, figure antique avec ses cheveux épars et sa chemise écrue, comme prise dans une cellule blanche où toute perception extérieure est abolie ». Comme le dit joliment Catherine Kintzler, c'est une « pièce de la surdité » avec une Chimène, « tragiquement sourde à la vérité de Rodrigue, qu'elle va finir par enterrer sous le Cid, béate d'admiration (et de suffisance ?) ». Le comique et le tragique se complètent pour mettre en évidence l'absurdité de la raison impuissante. Les personnages secondaires acquièrent, dans cette interprétation, un éclat inhabituel. Ils ajoutent à la force de l'œuvre de Corneille (notamment le personnage de l'infante). On peut sur ce point se reporter à la critique de Catherine Kintzler sur internet (http://www.mezetulle.net/article-1285396.html).

Gérard Philipe et Françoise Spira.
Mise en scène de Jean Vilar, Festival d'Avignon, 1951.

Samuel Labarthe est Rodrigue.
Mise en scène de Gérard Desarthe, MC 93, Bobigny, 1988.

Francis Huster est Rodrigue.
Mise en scène de Francis Huster,
Théâtre Marigny, 1994.

Audrey Bonnet et Alexandre Pavloff.
Mise en scène de Brigitte Jacques Wajeman,
Comédie-Française, 2005.

L'œuvre à l'examen

SUJET 1

Objet d'étude : le théâtre, texte et représentation (toutes sections).

Corpus bac : changements de genre et de registre

TEXTE 1

Le Cid (1636), Corneille.
Acte IV, scène 3 (vers 1301 à 1328), « Le combat contre les Maures ».

TEXTE 2

L'Illusion comique, tragi-comédie (1636), Corneille.
Acte II, scène 2.

MATAMORE

Mon armée ? Ah, poltron ! ah, traître ! pour leur mort
Tu crois donc que ce bras ne soit pas assez fort ?
Le seul bruit de mon nom renverse les murailles,
Défait les escadrons, et gagne les batailles,
Mon courage invaincu contre les empereurs
N'arme que la moitié de ses moindres fureurs ;
D'un seul commandement que je fais aux trois Parques,
Je dépeuple l'État des plus heureux monarques ;
La foudre est mon canon, les Destins mes soldats :
Je couche d'un revers mille ennemis à bas.
D'un souffle je réduis leurs projets en fumée,
Et tu m'oses parler cependant d'une armée !
Tu n'auras plus l'honneur de voir un second Mars :
Je vais t'assassiner d'un seul de mes regards,
Veillaques[1]. Toutefois je songe à ma maîtresse :

Ce penser m'adoucit : va, ma colère cesse,
Et ce petit archer qui dompte tous les Dieux
Vient de chasser la mort qui logeait dans mes yeux.
Regarde, j'ai quitté cette effroyable mine
Qui massacre, détruit, brûle, extermine
Et, pensant au bel œil qui tient ma liberté,
Je ne suis plus qu'amour, que grâce, que beauté.

CLINDOR

Ô Dieux ! en un moment que tout vous est possible !
Je vous vois aussi beau que vous étiez terrible,
Et je ne crois point d'objet si ferme en sa rigueur
Qu'il puisse constamment vous refuser son cœur.

MATAMORE

Je le dis encor, ne sois plus en alarme :
Quand je veux, j'épouvante, et quand je veux je charme ;
Et selon qu'il me plaît, je remplis tour à tour
Les hommes de terreur, et les femmes d'amour.

TEXTE 3

Horace, tragédie (1640),
Corneille. Acte IV, scène 2.

VALÈRE

Apprenez, apprenez
La valeur de ce fils qu'à tort vous condamnez.
Resté seul contre trois, mais en cette aventure
Tous trois étant blessés, et lui seul sans blessure,
Trop faible pour eux tous, trop fort pour chacun d'eux,
Il sait bien se tirer d'un pas si dangereux ;
Il fuit pour mieux combattre, et cette prompte ruse
Divise adroitement trois frères qu'elle abuse.

---

1. Déformation gasconne de l'espagnol *vellaco* : « coquin ».

L'œuvre à l'examen

Chacun le suit d'un pas ou plus ou moins pressé,
Selon qu'il se rencontre ou plus ou moins blessé ;
Leur ardeur est égale à poursuivre sa fuite ;
Mais leurs coups inégaux séparent leur poursuite.
Horace, les voyant l'un de l'autre écartés,
Se retourne, et déjà les croit demi-domptés :
Il attend le premier, et c'était votre gendre.
L'autre, tout indigné qu'il ait osé l'attendre,
En vain en l'attaquant fait paraître un grand cœur ;
Le sang qu'il a perdu ralentit sa vigueur.
Albe à son tour commence à craindre un sort contraire ;
Elle crie au second qu'il secoure son frère :
Il se hâte et s'épuise en efforts superflus ;
Il trouve en les joignant que son frère n'est plus.

CAMILLE
Hélas !

VALÈRE
Tout hors d'haleine il prend pourtant sa place,
Et redouble bientôt la victoire d'Horace :
Son courage sans force est un débile appui ;
Voulant venger son frère, il tombe auprès de lui.
L'air résonne des cris qu'au ciel chacun envoie ;
Albe en jette d'angoisse, et les Romains de joie.
Comme notre héros se voit près d'achever,
C'est peu pour lui de vaincre, il veut encor braver :
« J'en viens d'immoler deux aux mânes de mes frères ;
Rome aura le dernier de mes trois adversaires,
C'est à ses intérêts que je vais l'immoler »,
dit-il ; et tout d'un temps on le voit y voler.
La victoire entre eux deux n'était pas incertaine ;
L'Albain percé de coups ne se traînait qu'à peine,
Et comme une victime aux marches de l'autel,
Il semblait présenter sa gorge au coup mortel :
Aussi le reçoit-il, peu s'en faut, sans défense,
Et son trépas de Rome établit la puissance.

L'œuvre à l'examen

LE VIEIL HORACE
Ô mon fils ! ô ma joie ! ô l'honneur de nos jours !
Ô d'un état penchant l'inespéré secours !
Vertu digne de Rome, et sang digne d'Horace !
Appui de ton pays, et gloire de ta race !
Quand pourrai-je étouffer dans tes embrassements
L'erreur dont j'ai formé de si faux sentiments ?
Quand pourra mon amour baigner avec tendresse
Ton front victorieux de larmes d'allégresse ?

TEXTE 4

Cyrano de Bergerac, comédie héroïque (1897),
Edmond Rostand.
Acte I, scène 4 (v. 394-435).

*Tableau. Cercle de curieux au parterre, les marquis et les officiers
mêlés aux bourgeois et aux gens du peuple ; les pages grimpés sur
des épaules pour mieux voir. Toutes les femmes debout dans les
loges. À droite, De Guiche et ses gentilshommes. À gauche, Le Bret,
Ragueneau, Cuigy, etc.*

CYRANO *(fermant une seconde les yeux)*
Attendez !... je choisis mes rimes... Là, j'y suis.
Il fait ce qu'il dit, à mesure.
Je jette avec grâce mon feutre,
Je fais lentement l'abandon
Du grand manteau qui me calfeutre,
Et je tire mon espadon ;
Élégant comme Céladon
Agile comme Scaramouche,
Je vous préviens, cher Mirmydon,
Qu'à la fin de l'envoi je touche !

Premiers engagements de fer.

Vous auriez bien dû rester neutre ;

L'œuvre à l'examen

Où vais-je vous larder, dindon ?
Dans le flanc, sous votre maheutre ?
Au cœur, sous votre bleu cordon ?
– Les coquilles tintent, ding-don !
Ma pointe voltige : une mouche !
Décidément c'est au bedon,
Qu'à la fin de l'envoi je touche.
Il me manque une rime en eutre –
Vous rompez, plus blanc qu'amidon ?
C'est pour me fournir le mot pleutre !
– Tac ! je pare la pointe dont
Vous espériez me faire don :
– J'ouvre la ligne, – je la bouche...
Tiens bien ta broche, Laridon !
À la fin de l'envoi, je touche.

Il annonce solennellement.

Envoi !
Prince, demande à Dieu pardon !
Je quarte du pied, j'escarmouche,
Je coupe, je feinte.

Se fendant.

Hé ! là donc !

Le vicomte chancelle ; Cyrano salue.

À la fin de l'envoi, je touche.

L'œuvre à l'examen

a. Question préliminaire (sur 4 points)

En quoi voit-on que le genre de l'œuvre influe sur la façon dont est traité un même thème (ici, le combat) ?

b. Travaux d'écriture (sur 16 points) - au choix

Sujet 1. Commentaire.

Commentez le texte extrait de L'*Illusion comique* de Corneille (texte 2).

Montrez par quels procédés Corneille permet au spectateur d'avoir un portrait psychologique du héros.

Sujet 2. Dissertation.

Les règles qui régissent les genres théâtraux entravent-elles ou stimulent-elles les dramaturges ?

Sujet 3. Écriture d'invention.

À la manière d'un auteur de comédie héroïque, écrivez (en prose) la scène du combat de Rodrigue et de son armée contre les Maures. Imaginez les dialogues échangés au cours de la bataille, insérez les didascalies nécessaires pour faire comprendre la progression des combats. Ne présentez pas un récit dialogué fait après coup comme dans la tragi-comédie classique.

L'œuvre à l'examen

SUJET 2

Objet d'étude : le théâtre, texte
et représentation.

**Corpus bac : réécritures poétiques ou
parodiques**

TEXTE 1

> *Le Cid* (1636), Corneille.
> Acte I, scène 4 (extrait).
> Tirade de don Diègue.

TEXTE 2

> « La tête du comte », in *Poèmes barbares* (1872),
> Leconte de Lisle, extrait (v. 1-31).

Les chandeliers de fer flambent jusqu'au plafond
Où, massive, reluit la poutre transversale.
On entend crépiter la résine qui fond.

Hormis cela, nul bruit. Toute la gent vassale,
Écuyers, échansons, pages, Maures lippus,
Se tient debout et roide autour de la grand'salle.

Entre les escabeaux et les coffres trapus
Pendent au mur, dépouille aux Sarrazins ravie,
Cottes, pavois, cimiers que les coups ont rompus.

Don Diego, sur la table abondamment servie,
Songe, accoudé, muet, le front contre le poing,
Pleurant sa flétrissure et l'honneur de sa vie.

Au travers de sa barbe et le long du pourpoint
Silencieusement vont ses larmes amères,
Et le vieux Cavalier ne mange et ne boit point.

Son âme, sans repos, roule mille chimères :
Hauts faits anciens, désir de vengeance, remords

L'œuvre à l'examen

De tant vivre au-delà des forces éphémères.

Il mâche sa fureur comme un cheval son mors ;
Il pense, se voyant séché par l'âge aride,
Que dans leurs tombeaux froids bienheureux sont les morts.

Tous ses fils ont besoin d'éperon, non de bride,
Hors Rui Diaz, pour laver la joue où saigne, là,
Sous l'offense impunie une suprême ride.

Ô jour, jour détestable où l'honneur s'envola !
Ô vertu des aïeux par cet affront souillée !
Ô face que la honte avec deux mains voila !

TEXTE 3

La Parodie du Cid (1941),
Edmond Brua. Acte I, scène 4 (extrait).

DODIÈZE, *l'espadrille à la main.*
Qué rabbia ! Qué malheur ! Pourquoi c'est qu'on vient vieux ?
Mieux qu'on m'aurait lévé d'un coup la vue des yeux !
Travailler quarante ans négociant des brochettes,
Que chez moi l'amateur toujours y s'les achète,
Pour voir un falampo qu'y me frappe en dessur,
A'c mon soufflet tout neuf, qu'il est mort, ça c'est sûr !
Ce bras, qu'il a tant fait le salut minitaire,
Ce bras qu'il a lévé des sacs de pons de terre,
Ce bras qu'il a gagné des tas de baroufas,
Ce bras, ce bras d'honneur, oilà qu'y fait tchouffa !
Moi, me manger des coups ? Alors, ça c'est terrible !
Cuilà qu'y me connaît y dit : « C'est pas possibe ! »

GONGORMAZ à Dodièze
Il y'a mis un taquet ?
Allez, va va de là ! Ti as lu ça dans Mickey ? »
Eh ben ! Ouais, GONGORMAZ il a drobzé DODIÈZE ;
Il y'a lévé l'HONNEUR, que c'est pire que le pèze.

L'œuvre à l'examen

Aousqu'il est le temps de quand j'étais costaud ?
O Fernand, je te rends ça qu'tu m'as fait cadeau !
(Il arrache sa décoration.)
Je suis décommandeur du Hitram Ifrikate.
(Il essaie de se rechausser.)
Et toi que ti'as rien fait, calamar de savate,
A plouss je t'arrégare, à plouss je ois pas bien
Si ma main c'est mon pied ou mon pied c'est ma main...

SUJET

a. Question préliminaire (sur 4 points)

Quels sentiments de don Diègue (ou Dodièze) sont exprimés à travers les différents textes ? Par quels procédés ?

b. Travaux d'écriture (sur 16 points) - au choix

Sujet 1. Commentaire.

Montrez quels sont les mécanismes de la parodie en comparant le texte extrait du *Cid* de Corneille (texte 1) avec celui d'Edmond Brua (texte 3).

Sujet 2. Dissertation.

La parodie : hommage ou dérision ?

Sujet 3. Écriture d'invention.

Écrivez la lettre de démission (du poste de gouverneur) que don Diègue pourrait adresser au roi.

Documentation et compléments d'analyse sur :
www.petitsclassiqueslarousse.com

L'œuvre à l'examen

Objet d'étude : l'argumentation : convaincre, persuader, délibérer.

À l' **oral**

Acte II, scène 8 (v. 659-696).

Sujet : Comment Chimène tente-t-elle de convaincre ou de persuader le roi ?

I. Mise en situation du passage

Au début de la scène précédente, on a appris que Rodrigue avait vengé l'outrage fait à son père en tuant le comte Gomès. Dans la scène 8, Chimène entre dans le palais du roi en réclamant justice. Elle crie vengeance pour la mort de son père. Don Diègue est également présent pour défendre son fils.

II. Projet de lecture

Les techniques de l'éloquence judiciaire

Il s'agit de comprendre ici comment Corneille, avocat de formation, utilise les techniques de l'éloquence judiciaire. C'est l'occasion de cerner précisément les différences entre la persuasion (qui joue sur les sentiments, v. 658-670) et la conviction (qui est emportée par l'usage d'arguments rationnels, v. 673-696).

III. Composition du passage

1. Chimène tente d'abord d'émouvoir le roi par l'évocation du corps de son père mort et l'expression de sa douleur.

2. Après la réplique de celui-ci (v. 671-672), elle tente ensuite de le convaincre par des arguments rationnels.

IV. Analyse du passage

1. La tentative de persuasion par l'émotion

Chimène tente d'abord de jouer sur les sentiments. Elle centre le discours sur sa personne en souffrance. L'adjectif possessif de la première personne revient à deux reprises dans le premier vers de la tirade (« mon père », « mes yeux »). La répétition souligne la perte qu'elle a subie.

Elle insiste ensuite immédiatement sur des détails concrets, susceptibles de provoquer de réactions épidermiques. Ce sont ses yeux qui ont vu (on est proche de la synecdoque). L'anaphore de l'expression « Ce sang qui (tant de fois) » (v. 661 et 663) insiste sur l'aspect de carnage du duel. La répétition insistante du démonstratif tend à imposer à l'interlocuteur de Chimène (et au spectateur) l'image de ce corps qui ne peut être sur la scène pour des raisons de bienséance. La synecdoque participe du même effet : si c'est bien du sang de son père mort que Chimène parle au vers 659, c'est son père vivant qui est désigné à travers ce sang aux vers 661 et 663.

Enfin, la première tirade de Chimène se termine par l'évocation de ses pleurs et de ses soupirs. Ces marques matérielles de son malheur sont d'ailleurs censées se substituer à la parole et « dire » mieux qu'elle encore les peines endurées par Chimène (v. 670). De fait, le jeu de l'actrice doit s'adapter à ce discours.

2. La volonté de convaincre

Après l'intervention du roi, Chimène change de stratégie. Elle abandonne l'émotion pour tenter de convaincre le roi. Elle conserve d'abord l'image du sang. Cette fois, elle ne le présente plus comme une preuve concrète de la mort de son père.

L'œuvre à l'examen

Le sang ne bouillonne plus, ne fume plus, ne tache plus. Il est au contraire personnifié et il écrit sur la poussière son devoir à Chimène. La plaie est comparée à une bouche (v. 680). Le sang, c'est aussi, au XVIIe siècle, la noblesse, la lignée, et Corneille joue sur la polysémie du terme. La référence au sang se retrouve encore, redoublée, à l'extrême fin du texte. Une fois encore, il ne s'agit plus de faire référence à une réalité matérielle : Chimène, qui est en train de demander au roi de rendre la justice, fait référence à la loi du talion.

Chimène recourt à un raisonnement déductif en présentant les conséquences possibles de l'absence de vengeance. Cette fois, il ne s'agit plus de faire jaillir devant les yeux royaux l'image de la bravoure passée du comte et de sa souffrance. Elle avance un raisonnement déductif : son père était l'un des plus vaillants serviteurs du roi ; il a été tué injustement ; s'il n'est pas vengé, les fidèles du roi risquent de ne plus le servir ; le roi doit donc punir le meurtrier du comte, s'il veut s'assurer l'appui des nobles.

Très habilement, Chimène transforme ainsi son chagrin privé en affaire d'État (parallélismes de construction, anaphores, jeu sur les modes verbaux). Dans sa dernière phrase, elle affirme clairement que ce n'est pas à des fins personnelles qu'elle demande la mort de Rodrigue (« non à moi »), mais pour le bien de l'État (souligné par l'anaphore de la conjonction de coordination « mais » et de l'adjectif possessif « votre », amplifié au vers suivant par l'expression « tout l'État »). Elle incite le roi à agir en usant plusieurs fois de l'impératif (notamment par l'anaphore de « immolez », v. 693 et 695).

On peut remarquer également que, pour souligner le caractère odieux du crime, Corneille recourt à différents procédés : la répétition de l'intensif « si » (v. 687 et, surtout, au dernier vers avec « un si haut attentat »), l'opposition rimée, aux hémistiches, des termes « valeureux » (qui se rapporte au comte, v. 683) et « audacieux » (qui se rapporte à Rodrigue, v. 685) ou des images outrées (« se baigne dans leur sang », v. 686).

181

V. Conclusion

Les deux tirades de Chimène montrent comment un même élément (l'évocation du sang) peut être utilisé de façon différente selon que le locuteur se place dans une logique de persuasion ou de conviction. Alors que l'appel aux sens, au concret, et l'usage des tropes relèvent du domaine de la persuasion, l'art de convaincre s'appuie au contraire sur des raisonnements déductifs qui reposent sur des oppositions ou des comparaisons, terme à terme.

AUTRES SUJETS TYPES

Les stances de Rodrigue (acte I, scène 6)

• Lecture analytique des traductions stylistiques et rhétoriques du dilemme cornélien.
• Analyse du trope utilisé à plusieurs reprises dans ce passage pour traduire les oppositions révélatrices du dilemme.
ou
• Lecture analytique d'un monologue pathétique.
• Étude du champ lexical le plus récurrent dans le texte.
• Analyse du choix des stances et de le dimension pathétique de la scène.

Acte V, scène 1 (v. 1 523-1 564)

• Analyse des argumentations de Rodrigue et de Chimène et leur efficacité.
• Analyse de la variété des modes verbaux employés.
• Analyse de l'effet produit par l'accumulation d'exclamations et d'interrogations ; rôle des questions oratoires.

Acte V, scène 7

• Étude du dénouement : est-il un dénouement de tragédie ou de tragi-comédie ? Le dénouement est-il ouvert ou fermé ?
• Réflexion sur le choix du personnage qui rétablit l'ordre à la fin de la pièce.

 Documentation et compléments d'analyse sur :
www.petitsclassiqueslarousse.com

Outils de lecture

Allitération
Répétition de consonnes dans une suite de mots rapprochés.

Anaphore
Répétition d'un mot ou d'un groupe de mots au début de phrases consécutives.

Antithèse
Rapprochement et mise en contraste de deux idées.

Argumentatif (discours)
Forme de discours qui vise à convaincre, persuader, à prouver. Il a pour but de défendre une thèse en donnant des arguments et des exemples qui s'enchaînent grâce à des liens logiques.

Assonance
Répétition d'un même son vocalique dans une suite de mots rapprochés.

Baroque
École esthétique qui privilégiait les images étonnantes, l'exubérance, et que le classicisme concurrença en France vers 1660.

Chiasme
Figure de style dans laquelle des termes (identiques ou qui peuvent être mis en relation d'une façon ou d'une autre) sont inversés dans une phrase ou un groupe de phrases.

Classicisme
Terme forgé *a posteriori* pour désigner une école esthétique française du XVIIe siècle que l'on peut caractériser par le respect des règles de bienséance, de vraisemblance et d'unité au théâtre.

Conflit cornélien
Conflit caractéristique du théâtre de Corneille et marqué par l'opposition entre l'amour et l'honneur.

Délibératif (discours)
Discours dans lequel un personnage analyse tous les aspects d'un problème dont il cherche la solution.

Dénouement
Résolution des conflits qui intervient à la fin de la pièce.

Devoir
Obligation morale que le personnage éprouve à l'égard d'une autre personne.

Didascalie
Indication scénique donnée par l'auteur.

Dilemme
Alternative qui met en jeu deux propositions contraires entre lesquelles le personnage doit choisir.

Discours
Définition d'un texte en fonction de son organisation : sa forme dépend de l'intention de l'auteur ou de celle qui est prêtée au personnage (narrative, délibérative, descriptive, explicative, argumentative, injonctive).

Dramaturgie
Ensemble des procédés utilisés par un auteur pour construire une pièce de théâtre.

Outils de lecture

Épique (registre)
Registre utilisé pour évoquer un événement grandiose par lequel un personnage modifie et façonne l'histoire d'une communauté.

Éponyme
Se dit du personnage dont le nom sert de titre à l'œuvre.

Exposition
Première(s) scène(s) présentant l'intrigue et les personnages.

Générosité
Noblesse de naissance et de sentiment ; oubli de soi.

Genre
Catégorie à laquelle appartient une œuvre littéraire.

Gloire
Haute idée que le héros se fait de lui-même.

Héroïque (registre)
Registre utilisé pour magnifier les exploits des personnages par l'usage d'images saisissantes.

Honneur
Respect de soi-même qui règle la conduite du héros.

Hyperbole
Figure de style qui consiste à amplifier une idée pour la mettre en relief. Exagération.

In medias res
« Au milieu de l'action » : se dit quand la pièce présente une action déjà commencée.

Ironie
Raillerie mordante qui consiste à dire une chose dans un contexte et avec un ton indiquant que l'on pense le contraire.

Litote
Figure de rhétorique qui consiste à laisser entendre plus qu'on ne dit.

Lyrique (registre)
Registre utilisé pour exprimer des sentiments amoureux ou amicaux, associés à des images et un rythme vifs. Le lyrisme élégiaque est douloureux et plaintif.

Métaphore
Figure de style qui désigne une idée par le nom d'une autre, plus concrète.

Métonymie
Figure de style qui substitue un terme à un autre en vertu d'une relation logique (le contenant pour le contenu, la cause pour l'effet).

Pathétique (registre)
Registre utilisé pour susciter une émotion intense.

Périphrase
Désignation détournée.

Personnification
Figure de style qui consiste à évoquer un objet ou une abstraction sous les traits d'un être humain.

Registre
Manifestation, par le langage, de la sensibilité et des grandes catégories d'émotions (joie, angoisse, admiration, plainte...).

Outils de lecture

Règle de la bienséance
Règle qui oblige à respecter les conventions morales et esthétiques de la société française du XVIIe siècle.

Règle des trois unités
Une pièce classique doit respecter l'unité d'action (elle est centrée sur une action unique), l'unité de lieu (elle se passe en un seul lieu), l'unité de temps (elle se passe en une seule journée).

Règle de la vraisemblance
Le vraisemblable est ce qui paraît vrai (mais ne l'est pas forcément). Dès lors, la tragédie classique refuse l'illogisme, la fantaisie et l'incroyable (fût-il vrai).

Sentences
Formule frappante à caractère moral.

Stances
Monologue en strophes lyriques de composition régulière.

Stichomythie
Dialogue dans lequel les personnages se répondent vers à vers.

Sublime
État exceptionnel ou idéal du héros qui atteint sa pleine dimension et s'offre à l'admiration des spectateurs.

Tirade
Longue prise de parole d'un personnage.

Tragédie (genre de la)
Pièce développant une action sérieuse dont le sujet est emprunté à l'histoire ou aux traditions antiques. Elle met en scène des personnages illustres en lutte contre le destin et cherche à provoquer des sentiments de crainte et de pitié chez le spectateur.

Tragi-comédie (genre de la)
Pièce au dénouement heureux et à la mise en scène spectaculaire. Elle accumule des situations qui peuvent s'étaler dans le temps, sans unité structurelle forte. Ce genre théâtral est lié à l'esthétique baroque, marqué par un mélange des tons et réunissant langage noble et langage commun, rois et paysans.

Tragique (registre)
Expression d'un enchaînement inéluctable conduisant à la mort. Il met en évidence la situation de victime d'un être face à des forces qui le dépassent.

Vertu
Courage ; exigence à l'égard de soi-même.

Bibliographie filmographie

Le Cid et ses variantes textuelles

• Corneille, *Le Cid. Avec un choix de documents sur la Querelle du Cid*, édition B. Donné, Garnier-Flammarion, 2002 : texte de l'édition originale de 1637 avec l'ensemble des variantes de 1648, 1660 et 1682.

Ouvrages sur le XVIIe siècle

• H. Baby, *La Tragi-comédie de Corneille à Quinault*, « Bibliothèque de l'âge classique », Klincksieck, 2001.

• P. Bénichou, *Morales du Grand Siècle*, Gallimard, NRF « Idées », 1948 ; Folio Essais, 1988.

• A. Couprie, *Lire la tragédie*, Dunod, 1998.

• J. Schérer, *La Dramaturgie classique en France*, Nizet, 1962.

Ouvrages sur Corneille

• J.-J. Brunet, *Pierre Corneille. Le Héros, ses doubles et la passion de l'absolu dans* Le Cid, Horace, Cinna, Polyeucte, SDE, 2005.

• S. Doubrovsky, *Corneille et la dialectique du héros*, collection Tel, Gallimard, 1982.

• M. Fumaroli, *Héros et orateurs. Rhétorique et dramaturgie cornéliennes*, Droz, 1990.

• O. Nadal, *Le Sentiment de l'amour dans l'œuvre de Pierre Corneille*, Gallimard, 1948.

• M. Prigent, *Le Héros et l'État dans la tragédie de Pierre Corneille*, PUF, 1986.

• A. Stegmann, *L'Héroïsme cornélien. Genèse et signification*, Armand colin, 1982.

• M.-O. Sweetser, *La Dramaturgie de Corneille*, Droz, 1977.

Bibliographie • filmographie

Ouvrage sur *Le Cid*

• A. Couprie, *Pierre Corneille. Le Cid*, « Études littéraires », PUF, 1989.

Représentation théâtrale en CD

• Corneille, *Le Cid*, Théâtre national de Chaillot, 1955 (Audivis, 2 CD) : mise en scène de Jean Vilar ; avec G. Philipe, S. Monfort, Mona-Dol, M. Chaumette, L. Constant, J. Deschamps, G. Riquier, G. Wilson, Ph. Noiret, J. Vilar.

Représentation théâtrale en DVD

• Corneille, *Le Cid*, Comédie-Française, 1999 : mise en scène de Thomas Le Douarec ; réalisation de Didier Fontan ; avec G. Nicoleau, N. Daliès, J.-P. Bernard, G. Bonnet, C. Mulot, M. Parouty, L. Jean-Baptiste, L. Fernandez.

Filmographie

• *Le Cid*, film d'Anthony Mann, 1961 : avec Charlton Heston (Rodrigue), Sophia Loren (Chimène), Geneviève Page (l'Infante).

Crédits photographiques